生命的绿水青山
一名高中校长对教育的点滴思考

傅陆根 著

华南理工大学出版社
·广州·

图书在版编目（CIP）数据

守望生命的绿水青山：一名高中校长对教育的点滴思考/傅陆根著.—广州：华南理工大学出版社，2022.2

ISBN 978-7-5623-6960-8

Ⅰ.①守… Ⅱ.①傅… Ⅲ.教育-研究 Ⅳ.①G40

中国版本图书馆 CIP 数据核字（2022）第 016372 号

SHOUWANG SHENGMING DE LÜSHUI QINGSHAN —— YIMING GAOZHONG XIAOZHANG DUI JIAOYU DE DIANDI SIKAO

守望生命的绿水青山——一名高中校长对教育的点滴思考

傅陆根　著

出 版 人：卢家明
出版发行：华南理工大学出版社
　　　　　（广州五山华南理工大学 17 号楼，邮编 510640）
　　　　　http//hg.cb.scut.edu.cn　E-mai: scutc13@scut.edn cn
　　　　　营销部电话：020-87113487　87111048（传真）
责任编辑：袁桂香　袁　泽
责任校对：盛美珍
印 刷 厂：广州市新怡印务股份有限公司
开　　本：787 mm×960 mm　1/16　印张：7.75　字数：168 千
版　　次：2022 年 2 月第 1 版　印次：2022 年 2 月第 1 次印刷
定　　价：39.00 元

版权所有　盗版必究　　印装差错　负责调换

自序：关于教育的一些思考

从教近40年来，我从没停止过关于"什么是教育、什么是素质教育""怎样的教育才是好教育""具有中国特色的高中教育该走向何方"的思考。

关于中国教育、高中教育，我多多少少还是有些话语权的。20世纪80年代，我大学毕业后进入中学工作，90年代初我来到改革开放的前沿地、教育教学的高地——素有"四小虎"之称的广东省南海市（现为佛山市南海区）任教，并在多所高质量名校担任校长。

40年教书育人之路让我深刻体会到，在应试教育向素质教育转变的大潮中，科学把脉教育教学发展规律、适时推进教育教学改革的高中非但不会被大浪卷沉，反而可以独立潮头！

端着"铁饭碗"，我常常被父母告诫要"教好学生，做好老师"；紧握二寸粉笔，我立誓要把教师当作终身事业来经营，而不是作为职业来完成。笃定信念，我很快在三尺讲台崭露头角，晋升为学校中层管理者，并一步步成为学校的校级领导，直至2015年3月调至享誉岭南的百年名校——佛山市南海区南海中学任党委书记、校长。

佛山市南海区南海中学是广东省首批国家级示范性普通高中，是有114年（截至2021年）历史的岭南著名学术型高中、国家5A级风景区内的花园名校、佛山市唯一的国家级绿色高中、广东省首批认定的绿色学校、广东省"量大率高"五大名校之一、广东省最美中学、广东省首批心理健康教育示范学校、佛山市教育行业口碑最佳单位、南海区信息学"强基计划"基地……

雍正元年（1723年），南海知县宋伟捐建"南海义学"。在历任知县的努力下，义学于1803年扩建为"西湖书院"，1907年改制为现代意义的"南海中学堂"。一个世纪以来，南海中学浸染岭南经世致用文风，承袭西湖书院衣冠，受到理学名山滋养，秉持"任重致远"校训，发展成为雄峙南国的"学生学得好、考得好、成长得好""老师教得好、研得好、引领得好""学校建设得好、发展得好、辐射得好"的百年名校！

作为高中校长，特别是一所著名高中的校长，我是掌舵者，对方向的把握必须准而又准；一旦方向错误，就会伤害几届学生的前途和家族的命运，给国家和民族造成不可挽回的损失。

肩负崇高的使命和责任，我深入钻研名校管理知识，诚恳拜访教育专家，实地走访县域高中名校，主动学习名校管理经验。寸积铢累，所学所思所历日益丰富后，于2016年形成了体系，我将之命名为"绿色教育理念"，核心主旨为"守望生命的绿水青山"："守"是指坚守初心，遵循规律；"望"是指积极进取，把握未来；"生命的绿水青山"是指生命健康可持续成长的生态环境。

南海中学沿用"任重致远"的校训，"任重"是指对家国责任的担当，"致远"是指对实现自立自强宏伟目标的追求，在新时代即表现为努力追求中华民族伟大复兴中国梦的实现。因此，三年高中教育不仅仅为培养学生考上一所名牌大学、学好一个王牌专业，更着眼于学生能否将个人终身发展与民族长久命运紧密结合，从而实现学生终身成长、民族伟大复兴、世界可持续发展的高度统一。

关于学校，应该有什么样的办学理念和育人目标？怎样科学制定适合学生终身可持续发展的教育教学决策和计划？怎样营造适应教师职业发展和学生成长的校园环境和学习氛围？

关于教师，应具备怎样的教育教学水平？能否主动提高教学本领，下大力气研究新课标、新高考、新课堂、新教材？能否积极提升育人本领，下功夫研究学生行为、学生心理、学生精神？

关于学生，如何在学习中塑造家国情怀？如何在社团工作中培养领袖气质？如何在为人处世中学会换位思考？如何养成良好的行为习惯和学习习惯？如何实现理想抱负、文化学习和精神修养协调发展？

以上疑问是每一所高中要处理好的中心工作，也正是本书主要探讨的话题和解决的问题。希望拙作能对读者有所启发。阅读中有需商榷的地方欢迎读者来函来电交流指导，传真电话：0757-86841107。

目 录

第一章 绿色教育理念的缘起与内涵 ... 1
一、"绿色教育"理念体系概览 ... 1
二、"绿色教育"理念发轫之源 ... 2
（一）文脉所传：代代"绿"赓续 ... 2
（二）时代所需：事事"绿"为先 ... 5
（三）区域所求：处处"绿"映眼 ... 7
（四）师生所望：时时"绿"相伴 ... 8
三、"绿色教育"理念内涵解析 ... 10
（一）起点：让校园更加绿意盎然 ... 10
（二）前提：视学生为鲜活的生命 ... 12
（三）目标：为生命的可持续发展 ... 12

第二章 绿色教育理念的主张与目标 ... 16
一、"绿色教育"理念三大主张 ... 16
（一）回归自然本心 ... 16
（二）遵循融合之道 ... 24
（三）构建生态体系 ... 25
二、办学理念：守望生命的绿水青山 ... 27
（一）守望 ... 27
（二）生命的绿水青山 ... 28
（三）守望生命的绿水青山 ... 28
三、育人目标：培养新时代的绿色人才 ... 31
（一）关注自身的可持续发展，做未来的合格公民 ... 31
（二）推动世界的可持续发展，做绿色发展的先行者 ... 32

第三章　绿色教育理念的实践与成果……33
一、绿色课程……36
（一）培养目标……37
（二）课程体系……42
（三）课程开发……43
二、绿色课堂……43
（一）绿色课堂特征……43
（二）绿色课堂模式……44
（三）绿色课堂评价……45
（四）绿色课堂实效……48
三、绿色德育……49
（一）绿色德育网络……49
（二）绿色德育活动……50
四、绿色环境……53
（一）自然校园：参差多态，和谐统一……53
（二）人文校园：以人为本，人文关怀……54
（三）科技校园：智慧高效，节能节约……59
五、绿色管理……61
（一）管理理念：绿水青山总相宜……61
（二）青山为方：制度管理……61
（三）绿水为圆：人本管理……63
六、绿色激励……79
（一）校长讲话稿……79
（二）公众号推文……103

参考文献……114

后记　关于教育的再思考……117

第一章 绿色教育理念的缘起与内涵

一、"绿色教育"理念体系概览

二、"绿色教育"理念发轫之源

南海中学从百年文脉、时代背景、区域文化、师生需求等方面进行办学分析,提出将"绿色教育"作为学校的教育品牌。具体分析如下:

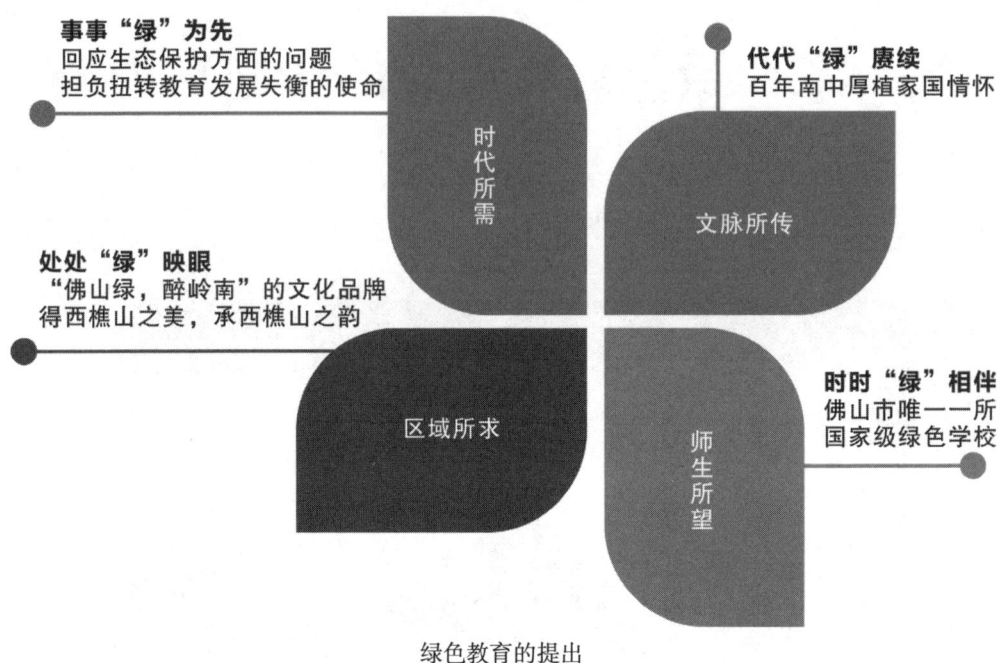

绿色教育的提出

(一)文脉所传:代代"绿"赓续

十年树木,百年树人。绿,为春色,象征着勃勃生机。南海中学(下称南中)的发展史是一部中华民族伟大复兴的见证史,是南海衣冠有序传承的文化史。历届南中人特别是南海中学董事会——旅港南海商会爱乡梓、兴教化、办学校,使南中事业得以生生不息。自创校以来凡114年,南中屡经坎坷,几近停办,却犹砺间顽种,逆境崛起,成为岭南名校。南中经历过时代更迭、战火纷飞,在薪火相传中,南中培育了一位位革命先锋、政界翘楚、商界魁首、学界俊彦、科技精英。马万祺、龚明、莫伯治、梁子江、陈芦荻、许介、黄天骥、梁佩璐、柳嘉、翟格、刘富业、岑钊雄、潘志勇、赖杰等正代表了不同时期传奇南中人的绝代风华。

南海中学文脉所传,培养出一代代中华脊梁,推动学校与民族可持续发展。1984年迁址西樵山黄旗峰下,南中人开山辟土,广植花木,使学校再次勃发生机,奠基了长久发展。

附：南中发展简史

一、芦荻芳菲

雍正元年（1723年），南海知县宋伟捐资创建南海义学。

1803年更名为西湖书院。

1905年，清政府废除科举制度，经南海县乡绅集议，将西湖书院（现广州西湖路）改为南海县简易师范科馆。

1906年冬，馆长朱世畴建议改为中学堂，乡绅一致赞同，并获政府批准。

1907年，南海中学堂开办，朱世畴为首任校长（时称监督）。

1910年，学校迁往芦荻巷报资寺旧址（现广州西华路，迁校费用由旅港殷商赞襄），规模进一步扩大。

1912年改为南海中学校，学堂监督改为校长。1914年罗汝楠校长继任。

1922年，南海县政府拟停办南海中学，并停拨每年补助的经费，罗汝楠校长极力反对无效，愤然辞职。旅港殷商与乡绅力主保留中学，并毅然挑起重担，立即成立南海中学董事会，负责筹集办学经费。经此力争，学校得以保全，校务由学监潘镜芙代理。在其后的三十年间，旅港南海商会领袖与邑绅主持学校董事会工作，募集了充裕的经费，为学校创造了上佳的办学条件。

1922年9月，李景康继任为校长，上任后积极奔走，筹集资金，扩建了大礼堂，添置了大批图书，修建了操场，增加了员工薪酬。其时政局动荡，不少学校欠薪停课，唯独南中书声不绝，深得各界赞誉。

1924年2月，曾镜涵继任校长。学校逐步迈向全盛时期，除中学部外，还附设小学与民众学校，兼办乡村师范班。

1937年，国民政府教育部委派督学分赴各省视察。经考核评估，南海中学成为全国九所最优中学之一，为广东省唯一。

1937年8月，日寇轰炸广州，学校将高中部迁往南海北村，初中部迁往南海泌冲。曾镜涵校长奉命北上韶关到第十二集团军工作，李兆福继任校长。南海中学很多学生投笔从戎，毅然走上了抗日救亡的最前线。

1938年10月20日，广州沦陷，学校师生迁往南海麻奢，其后复课于中山前山，与南海县立第一初级中学、县立南海师范学校合并，改称"南海联合中学"。后联合中学解体，学校自行改迁至澳门。

1946年，曾镜涵校长回校重新主持校务，于8月暂借广州朝天路南海学宫复课。旅港南海商会和官绅与教育部及省政府交涉，据理力争，终于在1947年2月迁回芦荻东校舍续办。全部款项由商会和邑绅捐助。

1953年，因校址已属广州管辖，乃与万善中学合并，易名为广州市第十一中学（现名广州市南海中学）。

二、凤地风华

1960年秋，南海县师范学校（简称南师）迁至西樵山西麓凤地。

1962年，在海外侨胞和居乡侨属的强烈要求下，南海县人民政府决定在凤地设立南海华侨中学，时任澳门中华总商会副主席马万祺任校董事会董事长。

1963年秋，班额递增一倍，在校董事会发动下，海外侨胞和居乡侨属大力资助，建起教学大楼一座，增添图书设备，教学条件日趋完善。

1965年，首届毕业生参加高考取得优异成绩，得到了校董事会的充分肯定。

1966年，"文化大革命"在全国展开，学校处于停课状态。

1968年9月21日，易名为南海红卫中学。

1971年，蚁振让同志接任学校行政工作。

1973年9月，"红卫中学"易名为"西樵中学"。此时的西樵中学，仍为隶属县领导的完全中学，全县招生，与南海华侨中学有着前后继承的关系。

1975年末，梁文海同志任学校支部书记，蚁振让同志任学校革委会主任。

1978年，撤消"革命委员会"，由蚁振让任校长兼支部书记。

1977年至1984年，高考恢复后的前几年是学校师生刻苦磨砺、高考成绩持续攀升的时期。在佛山地区同类学校中位居前列。

1981年，南海县政府决定恢复南海中学，并在西樵山东麓黄旗峰现址建设新校。冯景禧、马万祺、何贤、旅港南海商会等旅港澳贤达捐资350多万元。

1982年，南海中学高考成绩与重点中学已非常接近，1983年，高考上线数与上线率还超出了本县的一些重点中学。1984年，学校获得了南海县人民政府的特别嘉奖，成为两所获得一万元高考奖金的学校之一。

1983年暑假，开始以南海中学名义招收高一新生，暂在西樵中学寄读。

三、黄旗奋飞

1984年6月9日，南海中学黄旗峰校址奠基。时任全国政协常委的马万祺先生伉俪、佛山市委书记童孟清、南海县委书记陈邦贵莅临培土。

1985年9月，新校第一期工程竣工并交付使用，高中部师生迁往该校址上课。

1988年，南海中学升格为南海县县级重点中学。

1989年11月2日，著名校友马万祺先生出任南海中学名誉校长。

迁址黄旗峰后，在蚁振让、麦效明、邓丁、白基华、梁瑞娟、钟文川、傅陆根等历任校长的带领下，南海中学规模不断扩大，办学理念不断发展，管理模式不断创新，教学方法不断改进，教学手段不断丰富，教学质量不断提升。

2007年，南海中学举办建校100周年庆祝活动。

2016年，南海中学首提"守望生命的绿水青山"的绿色教育理念。

2017年，南海中学举行创校110周年校庆典礼，众校友发起成立南海中学教育发展基金会。

2015年至2021年，办学质量迅猛提升，实现高位全面优质发展，重点率（广东称为高优线、特控线）从67.2%上升至88.0%，上重点线的人数达1056，创造七年"两超越、一突破、高增长"（2015年居佛山第三，2019年居佛山第二，2020年实现量大率高①的突破，2021年重点率增长近6个百分点）跨越式发展的奇迹，跻身广东省"量大率高"五所名校（佛山南海区石门中学、中山市纪念中学、佛山市南海区南海中学、珠海市第一中学、汕头金山中学）之一。

（二）时代所需：事事"绿"为先

高速发展是现代社会和现代教育的特征之一。然而高速发展的同时也带来了环境污染、教育内在精神缺失和教育功利化等问题，因此"绿色发展""绿色行动""绿色教育"应运而生。在这样的时代背景下，笔者提出"绿色教育"是基于以下两点思考：

一是回应生态保护方面的问题。自改革开放以来，我国经济得以迅猛发展，已经成为世界第二大经济体。但是，我国在实现经济高速增长的同时，也付出了环境持续恶化的代价，产生了资源消耗高、浪费大、环境污染严重的问题。为此，我国开始反思传统的发展观、价值观和自然观，并及时提出和制定了坚持以人为本，树立全面、协调、可持续的"科学发展观"和"建设节约型社会与构建和谐社会"的重大决策。在这样的背景下，绿色发展应运而生。"十二五"规划首次以绿色发展为主题，是真正意义上的"绿色发展规划"，标志着中国进入"绿色发展时代"。

> **绿色发展　建设资源节约型、环境友好型社会**
> 面对日趋强化的资源环境约束，必须增强危机意识，树立绿色、低碳发展理念，以节能减排为重点，健全激励与约束机制，加快构建资源节约、环境友好的生产方式和消费模式，增强可持续发展能力，提高生态文明水平。
> ——摘自《中华人民共和国国民经济和社会发展第十二个五年规划纲要》

绿色环境、绿色生产、绿色生活、绿色医院、绿色城市、绿色行政等一系列的与绿色发展相关的概念被提出。教育作为社会的一个子系统，承担着促进社会健康发展的责任。因此，绿色教育的提出是教育对社会发展问题的回应。绿色教育是指环境保护和促进环境可持续发展的教育。它的目标是教授学生环境保护方面的知识，培养学生的环境保护意识，以促进生态的可持续发展。

二是担负扭转教育发展失衡的使命。在当下的教育中，学生的升学率和就业率

---

① 量大率高：高考上重点线的人数超1000且重点率超80%。

的高低成为社会评判一个学校办学质量的关键性标准。因此，大多数学校更为关注学生的学习成绩和升学率，家长也更倾向于协助学校促进孩子的"学业发展"，教育的发展被简化为学生成绩的提升。这种教育发展的失衡，不仅使教育失去本身"培养全面发展的人"的使命，而且可能会导致学生缺乏一些必备的能力、缺失内在精神甚至产生各种心理问题。

针对目前教育发展中存在的问题，我国提出"中国学生发展核心素养"的概念，以期打破教育发展的困境，将学生培养成为适应终身发展和社会发展需要的高素质人才。

> 核心素养是党的教育方针的具体化，是连接宏观教育理念、培养目标与具体教育教学实践的中间环节。经教育部基础教育课程教材专家工作委员会审议，最终确立了以下六大学生核心素养。
>
> 文化基础：
> 文化是人存在的根和魂。文化基础，重在强调能习得人文、科学等各领域的知识和技能，掌握和运用人类优秀智慧成果，涵养内在精神，追求真善美的统一，发展成为有宽厚文化基础、有更高精神追求的人。
> （1）人文底蕴。主要是学生在学习、理解、运用人文领域知识和技能等方面所形成的基本能力、情感态度和价值取向。具体包括人文积淀、人文情怀和审美情趣等基本要点。
> （2）科学精神。主要是学生在学习、理解、运用科学知识和技能等方面所形成的价值标准、思维方式和行为表现。具体包括理性思维、批判质疑、勇于探究等基本要点。
>
> 自主发展：
> 自主性是人作为主体的根本属性。自主发展，重在强调能有效管理自己的学习和生活，认识和发现自我价值，发掘自身潜力，有效应对复杂多变的环境，成就出彩人生，发展成为有明确人生方向、有生活品质的人。
> （3）学会学习。主要是学生在学习意识形成、学习方式方法选择、学习进程评估调控等方面的综合表现。具体包括乐学善学、勤于反思、信息意识等基本要点。
> （4）健康生活。主要是学生在认识自我、发展身心、规划人生等方面的综合表现。具体包括珍爱生命、健全人格、自我管理等基本要点。
>
> 社会参与：
> 社会性是人的本质属性。社会参与，重在强调能处理好自我与社会的关系，养成现代公民所必须遵守和履行的道德准则和行为规范，增强社会责任感，提升创新精神和实践能力，促进个人价值实现，推动社会发展进步，发展成为有理想

信念、敢于担当的人。

（5）责任担当。主要是学生在处理与社会、国家、国际等关系方面所形成的情感态度、价值取向和行为方式。具体包括社会责任、国家认同、国际理解等基本要点。

（6）实践创新。主要是学生在日常活动、问题解决、适应挑战等方面所形成的实践能力、创新意识和行为表现。具体包括劳动意识、问题解决、技术应用等基本要点。

——摘自2014年教育部印发的《关于全面深化课程改革 落实立德树人根本任务的意见》

同样为了改变我国当前教育发展失衡的局面，我国著名教育家、中国科学院院士杨叔子提出："现代教育应是科学教育与人文教育相融而形成一体的'绿色'教育。"由此"绿色教育"被赋予环保教育之外更为深层的含义，也由此在全国范围内引发了对"绿色教育"的思考与实践。

以文化开化人的大脑，升华人性，激活灵性，这就是"绿"。这样，才可能达到"君子不器"而"止于至善"。

——杨叔子

杨叔子院士提出的"应该将科学教育与人文教育交融，协调而健康地育人，以形成整体的'绿色'教育、化育学校的青少年一代，提高其素质"的观点，为现代教育回归教育本质提供了新的思路。在这一背景下，绿色教育可以被理解为焕发活力并可持续发展的教育，是一种培养全面发展的人的教育。

综上所述，南海中学将"绿色教育"定为学校的教育品牌，既回应了现代社会出现的环境问题，承担了促进社会健康发展的使命，又针对现代教育中功利化的困境，担负起了扭转教育发展路向、回归教育本质的使命。

（三）区域所求：处处"绿"映眼

南海中学位于"绿城飞花"的佛山市，坐落在国家5A级景区西樵山东麓，不仅受到佛山市"佛山绿，醉岭南"的文化精神熏陶，还依托西樵山得天独厚的自然风光和人文底蕴，校园环境绿意盎然，学术氛围生机勃勃，绿色教育在南海中学可谓水到渠成。

绿色学校　60%以上的学校达到绿色学校创建要求，有条件的地方争取达到70%。

——摘自《佛山绿色生活创建行动目标（2020—2022）》

佛山市地处珠江三角洲腹地，坐拥珠江两大干流西江、北江，是古代岭南咽喉之地。当下佛山市正在创建国家森林城市，打造"佛山绿，醉岭南"的文化品牌，拥有超过10.69万公顷的城市森林、70处面积达20公顷以上的大型生态公园、956公里森林生态廊道与1600公里绿道。这些绿色资源串联成网，形成了点线面相结合的森林生态网络体系。在整个佛山市"绿城飞花"氛围的熏陶下，南海区提出全力打造"绿色南海·生态之城"的理念，以期在提高市域森林覆盖率的同时，也积极推动农业经济向现代化、园区化转型发展，使南海发展成为一座名副其实的绿色生态之城。教育作为社会发展的一部分，也应响应"佛山绿"与"绿色南海"的理念，积极承担促进区域发展的责任。

另外，南海中学坐落在西樵山东麓，得西樵山之美，承西樵山之韵，具有得天独厚的自然和人文条件。西樵山风景名胜区不仅自然风光美不胜收，被称为整个"珠江三角洲"的"后花园"，而且西樵山有着6000多年的文明史，"双肩石器"文明和"南拳文化"皆发源于此。

> 西樵山为广东四大名山之一。西樵山风景区面积14.2平方公里，钟灵毓秀，素有"南粤名山数二樵"之美誉。西樵山自然风光美轮美奂，山上72峰峰峰皆奇，42洞洞洞皆幽，更有湖、瀑、泉、涧、岩、壁、潭、台点缀其间，成为这座熄灭了亿万年的死火山的旷世佳作。西樵山林深苔厚，郁郁葱葱，洞壁岩缝，储水丰富，古人赞之为"谁信匡庐千嶂瀑，移来一半在西樵"。今人称之为"绿色水库""固体水库"。正是因为西樵山有如此高品位的自然旅游资源，国务院、林业部才相继授予它"国家级风景名胜区"和"国家森林公园"两项桂冠，还通过国家5A级旅游区的评定。
>
> 西樵山还是华南地区石器时代规模最大的制造工场，"西樵山文化"为中华文明的发展作出了巨大贡献，被考古学者誉为"珠江文明的灯塔"。曾孕育了康有为、陈启沅、詹天佑、黄飞鸿、黄君璧、冼玉清等一批时贤俊杰。
>
> ——摘自西樵历史文化文献丛书《南海县志》

在明清时期，更是有大批的文人学子曾隐居在这里，因此，西樵山获得了"南粤理学名山"的雅号，也被称为"珠江文明灯塔"。西樵山的绿色葱葱和文化渊源为南海中学"绿色教育"理念的提出奠定了良好的基础。

（四）师生所望：时时"绿"相伴

南海中学依山而建，整个校园呈阶梯状布局，从海拔最低的体艺馆到海拔最高的山顶球场，共有251步石质阶梯，落差60多米，无论身处校园的哪个角落，视野都非常开阔。校园内岭南特色浓郁，四大亭台（仰圣台、滴水岩亭、思源亭、致远亭）六大园林（桃李园、绿芒园、生物园、翠竹园、丹桂园、致远园）错落有致点缀其中。风雨连廊纵贯全校，串联起教学区、生活区、运动区，让师生校内生活不受风雨侵扰。紫荆花树、紫罗兰树、木棉树、芒果树遍布校园，春夏秋冬，均是繁花似锦，姹紫嫣红，美不胜收。

凭借得天独厚的自然资源和文化资源，南海中学于2007年成为第四批全国"绿色学校"创建活动先进单位。作为佛山市唯一一所国家级绿色高中、广东省首批认定的省级绿色学校，南海中学不仅在环境方面打造绿色校园，在教学方式、社团活动等方面也对绿色教育进行全面研究和实践，挖掘更丰富的教育内容，促进师生的全面和可持续发展。

在教学方面，南海中学创建了追求"科学（高效）、人文、和谐、阳光、可持续发展"的绿色课堂，并在此基础上开展了IDEAS教学模式，促进了由他主学习向自主学习，由老师主导向师生合作、生生合作，由知识灌输向知识理解、内化、运用的转变。IDEAS高效课堂教学模式包括I—Interest（情境导入，激发学生的兴趣，使学生明确目标）、D—Discovery（启发学生自主探究，建立联结，发现新知或规律）、E—Exploration（积极探索，深入发掘，师生共同解决问题并建构知识网络）、A—Application（变式应用、拓展迁移）、S—Self-assessment（自评反思、交流展示、反馈升华）五大环节，充分体现了"自主、探究、合作"的新课标理念，实现了"情境""协作""会话""意义建构"的有机结合，从而达到"科学（高效）、人文、和谐、阳光、可持续发展"的生态课堂。IDEAS教学模式改变了"学习内容单调、学习方式粗放、发展目标单一"的粗放型的教育发展方式，让学生既能在愉悦的氛围中学习到知识与技能，也能培养他们的学习能力、创新能力、合作能力等。在课外活动方面，学校为了促进学生的全面发展，也为了给学生构建喜欢、享受和回味的校园生活，每个月都举办一次大型的文体活动。学校现有30多个校级学生社团，定期开展科技文化周、社团文化节等大型活动。这些活动在丰富同学们课余生活的同时，也在无形中提高了他们的能力，为他们的成长注入更多的活力。

南海中学丰富多元的文体活动

南海中学本着"为学生的终身发展奠基"的宗旨，结合本校的校情、师情、生情，在教学模式、学校大型活动等方面做出尝试并取得了不错的成绩，得到了教师们的认可和赞许。南海中学"绿色教育"的提出，不仅仅是赓续文脉的传承，回应时代的要求，呼应区域的文化品牌，也是立足校情的师生所望。

三、"绿色教育"理念内涵解析

绿色原指生机盎然的生态环境之色，被引申为生命的活力，象征着生命健康可持续的生长。与人们对绿色的理解一致，绿色教育在当代教育界主要有两个方面的观点：一是绿色教育以环境保护为最终目标，是促进生态环境可持续发展的环保教育；二是绿色教育以促进学生可持续发展为根本目标，在呵护生命、尊重生命的基础上提升学生生命质量，最终实现学生"绿色"健康发展的素质教育。南海中学综合两种绿色教育的理解，结合学校情况将"绿色教育"定义为以绿色校园为起点，以尊重生命为前提，以实现师生健康可持续发展为目标的教育，具体释义如下图所示：

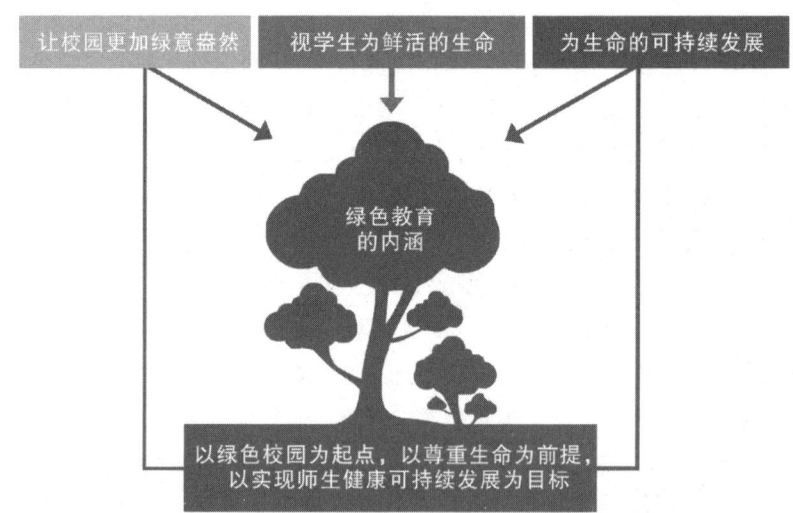

绿色教育的内涵

（一）起点：让校园更加绿意盎然

南海中学以建设绿色校园作为践行绿色教育理念的起点，多年来凭借得天独厚的自然资源和文化资源，营造了自然生态与教育生态相融合的校园环境，构建出自然、人文、科技三位一体的校园文化。

在这里，师生以自然编织绿。丛丛青草，株株花木，朝晖夕阴，昭示天人合一；曲径通幽，花香鸟语，云光树影，共享岁月静好。春有木棉绽放，夏有竹影潇潇，秋有白兰生香，冬有榕树葱葱，自然已经成为南海中学存在的状态，漫步其中，绿色的气息扑面而来。

到访南中的朋友曾这样说：别的学校是在教学楼周围种花植树，而南海中学则是在苍翠草木间盖楼。绿色教育理念从外在来说，不仅要维持这种局面，还要让良好的印象更加深刻。

2018年在论证南海中学改扩建可行性时，笔者坚持校园风貌必须与西樵山风光保持一致，从学校东门、北门入校就必须有进入景区的观感。在前期规划和具体施工中，上级领导和设计部门都非常赞同和支持此观点。在种什么样的绿树花草问题上，我们也坚持避免杂乱无章或千树一面，而要突出学校特色及包容，因此形成了"一路一色"。将象征希望的芒果树作为主校道的树种，寓意硕果累累；以代表亲情和睦的紫荆花作为通向教学楼校道的树种，寓意师生亲如家人；桂花是高洁、荣誉的代名词，映衬师德最为贴切，故种植在办公楼周围；樱花起源于中国，因种种原因被偏激地与日本国花画上了等号，我校拟开辟樱花（中国樱）大道，引导学生形成正确的历史观、文化包容……

在这里，师生以人文抒写绿。"以景为阶，人在中央"，以人为本的理念，让置身其中的师生时感知到自己的存在——有历史的脚印，有现在的探索，还有未来的想象。一景一物都透露出教育的真情与真心、生命的共生与共长。

人文是绿色教育的重要组成部分，甚至可以说是核心。外在的人文体现是校园文化建设的应有之义。我们在对学校标志性建筑、校道进行征名过程中，要求体现人文特征。

例如，仁、义、礼、智、信是中华传统美德，更是中国士人的精神信仰。经过充分讨论，将五栋教学楼命名为致仁楼、致义楼、致礼楼、致智楼、致信楼。科学楼与实验楼分别命名为致真楼、致知楼，寓意为：通过科学触及真理，通过实验（格物）达到真知。

同时，宣传栏的建设也应体现出文化性，如"校友风华""百年南中""商会襄赞"等，深厚的历史底蕴和文化气息对学子成长起到潜移默化的作用。

在这里，师生以科技重塑绿。节能、高效是绿色的另一种释义，当科技与教育相遇便成就了不一样的南中"绿"。节能的基础设施和设备，提效的智能集成系统，构成了南海中学绿色智慧校园的图景。

科技成就绿色，绿色辉映科技。作为享誉区域的名校，政府和社会各界对南海中学的物质支持较为可观，为学校增添节能、环保、高效的教学设备提供了保障。

这里有在全国高中学校里都属先进的中学化学实验室，让化学实验更精确；旅港南海商会捐资兴建了设备一流的校园电视台，学校大型活动的直播、采访报道更得心应手；全部课室安装了希沃电子白板，使教学手段更丰富，特别是数学、物理教学摆脱了传统的平面画图不便于学生理解的窘境。

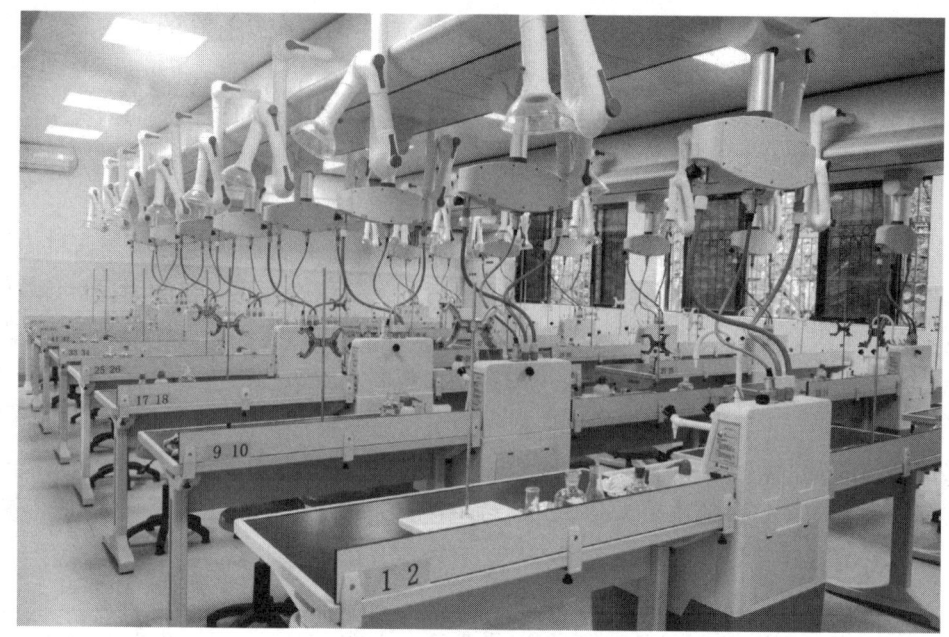

全国先进的中学化学实验室

（二）前提：视学生为鲜活的生命

绿色教育提倡用一种有机的眼光看待学校所生存的宇宙，在教育中学生更是鲜活的有机体，有生命，有认知，有感情，而教育便是一个生命鲜活展开的历程。"视学生为鲜活的生命"是绿色教育的首要原则和重要前提，主要体现在以下两个方面：

一是尊重生命鲜活的个性。每个学生都是独一无二的，有着不同的身体、心灵、情感以及思想，正因为这些差异他们才能被称为鲜活的人，否则便是一个模子刻出来的机器；而教育只有建立在尊重个体差异的基础上才能达到育人的目的。

二是保护生命向上的本能。每一个生命都有向上生长的本能，教育的前提就是要保护和激发个体成长的内在动力，引领生命的自主发展。在大自然中，一颗松籽落入岩缝中，吸收阳光、雨露，拼命生长，直至屹立悬崖之上，这是生命的绽放；在教育中，学生面对无边的知识海洋，也有不断求索的渴望，这是生命成长的自觉。绿色教育就是要让生命延续这一向上生长的热情和动力。

（三）目标：为生命的可持续发展

绿色教育的最终目标是为了生命的可持续发展。一是培养可持续发展的人，也就是培养具备适应未来发展的核心素养，即具备能够适应终身发展和社会发展需要的品格和关键能力的未来公民。二是培养促进社会和环境可持续发展的人，即培养具备可持续发展社会、环境所需的知识、技能、意识、态度和价值观的绿色公民。

在我的理解里，几乎每一所学校都会提"一切为了学生"。我也提出"为每一个有梦想的孩子搭建舞台"。我也曾经反思过，孩子想做一名科学家是梦想，想做一名警察是梦想，那么想做一名消防员是不是梦想呢？我在做广东省教科研"十三五"规划重点课题"创建绿色教育特色学校的研究与实践"（课题批准号：2016ZQJK036）时，专门就如何影响学生的职业理想进行过较为深入的思考，著有《生涯教育课程的构建与实践》，发表在《广东教育》上。

众所周知，消防员是最美的逆行者。媒体中也经常看到消防员不畏生死抢险救灾的感人报道，他们是当之无愧的英雄。可是为什么我们的孩子没有将之作为梦想或职业理想呢？这源于社会以"地位、收入"作为衡量梦想的"标准"。人们不能说"不愿意做消防员"的孩子就错了，但人们往往会认为"想做消防员"的孩子是没有大志向的。问题出在哪里，如何解决呢？"绿色教育理念的主张与目标"正是着力解决这一类问题的。

生涯教育课程的构建与实践

青少年能否清晰地认识自我并合理地进行生涯规划，在其成长道路中具有重要意义。然而，在长期的教育实践中，我们发现有几个问题一直困扰着学生：一是选择文理科时不知所措；二是高考填志愿时没有主见；三是考入大学后想转专业；四是找到工作后很想转行。

在就业竞争异常激烈的今天，让学生在中学时期形成正确的职业观，科学合理地规划人生，开展系统的生涯教育显然是非常必要的。近几年，佛山市南海区南海中学重视生涯教育，逐步确立"课程引领、任务驱动、行动研究、多管齐下"的工作思路，遵循"唤醒自我、开眼瞭望、规划成长"的生涯规划核心理念，形成了"一体三块六翼"的生涯教育课程体系。

一、夯实"一体"，打造生涯课程体系

"一体"，即以"唤醒自我、开眼瞭望、规划成长"为核心理念的生涯教育课程体系。从个体发展看，生涯教育提升了学生的综合素质和可持续发展能力，实现了教育促进个体发展的重要价值；从社会发展看，生涯教育提高了教育机构的人才培养质量，实现了社会发展对人才的需求。"一体"突出人的自我价值与社会价值的统一，是促进教育公平，构建和谐社会的重要举措，它回答了"为什么"的问题。

二、落实"三块"，细化生涯课程模块

"三块"指生涯教育的三个模块，分别是认识自我、了解社会和学会决策，回答了"教什么"的问题。

（1）认识自我——只有了解自己的优势和兴趣爱好，才能对自己的职业做出正确的选择，进而选定适合自己的职业生涯路线。

（2）了解社会——探索外部的工作世界，包括高校情况、就业渠道、行业设置、工作内容、发展前景等。

（3）学会决策——学生要有选择的能力，在知己知彼的基础上，确定贴现实、合专长、有兴趣的职业目标。

三、抓实"六翼"，凸显生涯课程实效

"六翼"指通过教材、课堂、榜样、活动、科研和评价六个方面进行生涯教育，回答了"怎么教"的问题。

（1）以教材为载体，使生涯实践文本化。学校自编的《生涯教育》校本教材，将理论知识与体验活动相结合，具有理论和实践指导功能，是生涯必修课的教学载体。这本教材在学校周边地区有一定的影响力，在广东省中小学特色教材评选中获二等奖。

（2）以课堂为阵地，使生涯教育规范化。课堂作为教学的主阵地，在生涯教育中发挥重要作用。首先，上好生涯必修课：必修课面向高一高二年级学生，每班每两周开设1节课（每学期10节课）。课堂的形式以教师教授和学生体验活动相结合为主。其次，注重主题班会课：开展以生涯规划教育为内容，融教育性、创造性和趣味性于一体的主题班会课。这是高中生涯教育的重要途径，可为学生提供展示自我、展示理想的平台。每个学期组织班主任和心理教师进行生涯教育专题班会课比赛，激发教师对生涯教育课堂的研究和实践热情。第三，整合学科渗透课：将生涯规划教育目标分阶段体现于各学科课程目标之中，结合基础型、职业型和兴趣型三类课程的不同特点，统筹规划，精心设计，让生涯教育课程清晰地体现在学校的课程体系之中，挖掘蕴藏在各个学科教材中的丰富内容。

（3）以榜样为力量，使生涯愿景具象化。为了拓展学生的视野，让他们对生涯、职业、社会形态有更深远的了解，学校开展"导师进校园"讲座等活动，邀请名人、导师、校友前来开讲。例如，学校邀请了前奥运女排冠军、作家赵蕊蕊分享她的职业生涯训练时期的辛酸与坚强、应对压力的技巧，还分享了退役后的人生规划，以及如何成功转型为小说作家，并凭借科幻小说《彩羽侠》荣获全球华语科幻星云奖。学生听后收获颇多。

（4）以活动为舞台，使生涯体验多元化。近几年，学校组织学生到校外进行博物馆员体验、西樵山导游体验、社工体验、义教体验、工厂工人体验等。通过参观企业或职业体验，加深学生印象，使他们对朦胧的职业生活形成具体的概念，职业目标更为明确。

（5）以科研为引擎，使生涯课程理性化。学校申报了广东省教育科学规划课题

"新时代核心素养视域下高中生涯教育的实践研究"等,这些课题将引领教师在生涯教育实践和理论等方面迈向新的高度。我们还在高中研究性学习中让学生设计以"生涯发展规划"为主题的研究课题,选择一项想从事或感兴趣的职业,利用假期、周末去实践体验,在此基础上搜集资料,对该职业的现状、发展趋势进行研究,同时写出自己的职业规划。在寒假,我校编制了一份《我的父母职业生涯发展》访谈提纲,让学生利用寒假采访父母,了解其生涯情况。

(6) 以评价为监控,使生涯评价常态化。评价,即"用一种或多种方法,如测试、观察、访谈、项目或参考预定标准等,用这些方式得到信息,在关于个人知识、技能、态度或其他方面得出结论的过程"。评价绝不是单纯评价教学的结果,它往往涉及很多方面的内容。如为了帮助学生认识自我、认识社会、学会决策,学校利用心理测试系统,为学生提供职业兴趣、职业性格方面的在线测试和评价。学校还计划在核心素养层面,通过问卷、测试和档案袋等方式对学生和教师教学进行评价。

生涯教育是真正的、全员的、全面的教育,是有本可依的。接下来,学校将继续坚持"为学生的终身发展奠基"的办学宗旨,不断创新,稳步推进,扎实做好生涯教育工作,真正做到立德树人。

第二章　绿色教育理念的主张与目标

一、"绿色教育"理念三大主张

绿色教育理念的宗旨是促进学生终身健康可持续发展。学生的健康发展需要教师是健康的，学校的管理是科学的。连接教育者和受教育者的关键是什么呢，讲台？课堂？知识？很多前人论述后最终得出了一个统一的答案"爱是教育的本质"，也即爱是连接教育者和受教育者的关键。爱是一个宏观且具体的话题和动作，以绿色教育理念来解析爱，可以解释为"保护和呵护孩子们健康成长的生态"。

在以实现师生健康可持续发展为核心目标的绿色教育内涵下，南海中学提出了绿色教育的三大主张：

绿色教育的主张

（一）回归自然本心

绿色教育提倡自然与天性的回归。其内涵有两点：

一是回归自然，倡导以万物为友、以自然为师的环境教育。

《周易》记载："与天地相似，故不违。"自然是世界万物之始和人类之师。人，作为自然之子，只有敬畏自然、接近自然、取法自然、归还自然，与自然和谐共生，才能够做到可持续发展。

二是回归天性，倡导顺木之天，以致其性的自然教育。卢梭认为，教育不应揠苗助长，自由天性是学生的"内在自然"，要解放人的身心，发展人的自由，实施顺乎人的自由天性的自然教育。

1. 万物为友，自然为师

人，作为自然之子，只有敬畏、尊重和爱护大自然，以自然为师，与自然和谐共生，才能够"诗意地栖息在大地上"。要培养学生的综合环境素质，需学校教育能够发展学生与环境领域相关的认知能力，能够较好地理解解决环境问题的基本原理。学生通过习得与理解这些知识，培养科学的环境态度，从而产生关心和保护环境的意识与愿望。

南海中学通过深入开发绿色校本课程，科学管理绿色校本课程，以《南海中学绿色教育读本·地理》德育读本系列、《环境教育校本课程》学科环保课程系列，让每一位学生关心环境，树立环保意识。然而要实现自然环境的可持续发展，只有环保意识还远远不够，更重要的是要让学生真正走进生活，参与并积极应对现实世界的环保问题，寻求切实可行而且可持续的解决方案。在这一过程中将环境本身视为有效的学习资源，在环境实践教学中发展知识和理解力，培养学生的调查、交流、协作等能力，从而激发学生的环境情感。近年来，学校不仅通过建设绿色校园、营造绿色氛围来进行环境教育，而且通过学生环西樵山16公里的徒步拉练等一系列德育活动，让学生参与到环境教育中，以促成环境教育目标的实现。

以南海中学2021年西樵山历史文化和生态文明考察千人徒步研学活动为例，学生在自然风光、历史文化、研学体验中的收获内化为积极的处事态度和乐观的精神品质。（详见佛山市南海区南海中学微信公众号2021年5月27日和6月22日文章）

致远南中 | 最爱山野行不足，南中千子摘云莲
——记2022届千人徒步西樵山研学行（一）

> 生活不止眼前的苟且
> 还有诗和身边的美景
> 趁阳光正好，
> 一起行走山野，漫步樵山吧！

西樵山是泉的山，花的山，也是岭南文明的灯塔。那里有跳跃的瀑花和粼粼的湖光，那里有叮咚的泉响和磅礴的松涛，那里有层峦叠翠、高崖深谷，那里有花开花落、云聚云散，那里有喷涌的泉眼和涓涓的细流。西樵山的葱葱绿意和文化渊源

为践行"绿色教育"理念奠定了扎实的基础。在"视学生为鲜活的生命"的教育原则指导下,我校尊重生命鲜活的个性,保护生命向上的本能,依托独特的地域资源积极开展"西樵山历史文化考察"课程,已历六届,深受南中师生的欢迎。

裁铺万象葱茏意,织染千秋五彩云。沿西樵健康路进山,清新凉爽的空气扑面而来,沁人心脾。伴随着知了鸣叫和鸟儿吟唱,队伍蜿蜒在山间小径,头顶是参天大树和蔚蓝天空。全长两公里的健康路上,晨练爱好者比比皆是,新时代的健康生活从呼吸负氧离子开始。清切鸟声飞叶外,蜿蜒石径近云头。健康路的末端就是西樵山景区的入口。道路依着山谷,穿过树林,盘旋曲折,像一条浅色的带子,缠绕着翡翠般的山峦,学子们顶着烈日终于行进到了六百多年古刹——宝峰寺。

云深钟磬相寻处,泉水潺潺伴鸟声。西樵山宝峰寺有着六百多年的历史,为南粤四大名寺之一,是祈福圣地。自晋代佛教东传,在西樵山建寺弘法的高僧就很多,到了明代香火鼎盛。宝峰寺得到惠连法师兴教弘法,颇有名气。

铜皮铁骨坐峰巅,透开云雾览人间。于宝峰寺出口仰望,便见直插云霄的南海观音云海莲台。观音慈悲端庄,净瓶流芳,一朵朵开放的莲花在云海莲台静静地守候。沿着一朵云的清雅追求光明,一股清泉漫过心灵的原野,用心触摸观音的智慧灵光。"绝顶天风吹客衣,红树枝头双蝶板,绿萝阴下一渔矶",这里是美好的顶点,活动的高潮,是休整的第一个场地,风光秀色陶人醉,美景家园似十洲!在这里,千人大合照定格了最美丽的瞬间。

南海中学2022届西樵山历史文化和生态文明考察千人徒步研学活动

烟雨仙湖湖柳翠,海天国佛佛音缭。最后的目的地是天湖公园。天湖,是西樵山西北面一个火山口湖,三面翠峰围抱,湖水澄碧。环湖公路整洁,湖旁花木楼阁点缀,景趣天成,是游客观龙、泛舟待月的好去处。湖的北面,一座水月轩浮于水中,飞檐傍云,扁舟偎荡。东西两岸分别点饰着抱龙亭、龙珠亭、倚天亭、伴云亭、待月亭和鸳鸯阁等富于民族特色的建筑。"东樵豪犷西樵秀,秀在峰回路转中",湖的东面有九曲桥穿过,似玉龙卧波,又像安在绿盘上的一根琴弦。学子们穿行其间,"人在画中游",迎着习习凉风,感受亿万年的沧海桑田物换星移。

你可曾见过这样的景象:和风熙熙,艳阳高照,远处飘扬的旗帜映入眼帘。近了,更近了,旗帜下面隐藏着几张精神饱满的笑脸。你不由得驻足,是了,就是了,他们就是南海中学师生千人徒步西樵山的先头队伍。从高处俯视,你会看到一条蓝白相间的长带,整齐向上地铺过黑褐色的步行道。从旁边经过,你会从他们的欢声笑语、携手并进中感受到青春洋溢的热情。"你站在桥上看风景,看风景的人在楼上看你",此时此刻,南中学子们一路欣赏着山景,而在游客眼中又成了沿途另一道靓丽的风景。

才过小满,时值孟夏,逐渐攀升的温度映衬着同学们逐渐上升的热情。刚出校门的同学大多还有一点期待和好奇,随着离学校的距离一点点变远,同学们的拘谨也一同被阳光慢慢蒸发,开始放飞自我。甩着手,迈着步,唱着歌,一开始在班级方阵里零零星星的歌声逐渐变成整个班的齐唱。像是得到了花草树木、奇峰怪石的肯定,同学们一首接一首地唱了起来,前后的班级也受到感染,开始了班与班之间的拉歌比赛。一拍掌,一声笑,同学们昂扬的情绪似乎传给了大山,送来阵阵凉风,给同学老师们带来凉意与快意。

"少年正得路,扶桑初日升。"的确,南中的学子们就如同"八九点钟的太阳",朝气蓬勃,神采奕奕,踏着朝阳的光辉向上。你瞧,班级之间自发的拉歌结束没多久,同学们仍意犹未尽,按捺不住兴奋与喜悦,又开始喊起了班级的口号。在这之前,不知走到何处时,同学们竟然惊喜地听到了学校的铃声。刚与学校分别不久,此时的铃声让同学们有了与平时听到铃声不一样的感觉。在曾经的校园里,或许这是一次期盼已久的上午放学的铃声,令同学们竞相冲向熟悉的饭堂,又或许这是一次大课间的铃声,召唤着同学们暂告课堂,来到操场舒展腿脚。也是得益于阳光体育大课间的开展,同学们每天都有了下楼锻炼的机会,不仅缓解了学习压力,更有强身健体的作用。在半个学期的影响下,离开了学校,同学们还是不由自主地喊起了班级口号。

"齐心协力,勇创佳绩。高二六班,所向无敌"是六班的同学在响亮地喊着班级的口号,身后各班的口号声同样此起彼伏。"乳虎啸谷,百兽震惶",行走在西樵山上,南中学子就是一只只朝气蓬勃的小老虎,赢得其他家长和同学的赞叹与敬佩。

"至于负者歌于途,行者休于树,前者呼,后者应……"为西樵游之真实写照。西樵山之行不易,但幸有同袍相助同行,则活力无限奋勇上进。

刚上山时,坡度大,速度快,烈日高照,汗如雨下,有些同学难免承受不住,遇凉亭,则得歇,虽然有些想打退堂鼓,但看到其他人还在坚持向上前进,被同伴一把拉起,于是决心与同伴相互照应继续走下去,迎难而上。一个鼓励的眼神,一个灿烂的微笑，一个个跳动的散发着青春无敌的气息的心，联结在一起，手拉手共同砥砺前行，展示了南中学子的无限活力。

爬山过程中，旗手们纷纷举着班旗冲到队伍的最前面，以展示班级青春热血的精神风貌。同学们也不甘示弱，紧跟大队，不愿落后。整个爬山过程中充满了温馨、愉悦，同学们有说有笑，欢声笑语不时在山间传开。有的同学充当气氛调节者，让原本枯燥的过程变得有趣，有的负责照顾体质弱一点的同学，让整个爬山过程进行得更加顺利，也避免了有人掉队。还有的同学专门带了音响，歌声飘荡在小路上，尽管不是同班的同学，也都积极加入拉歌大队，增添了不少乐趣。大家相互搀扶，相互帮助，相互鼓励，充分发扬了团结拼搏、不畏艰险的优良作风，共同完成了爬山活动。到了休息的地方，同学们都拿出自己的零食分享，爬山的疲惫也因此悄悄淡去。到了山顶，同学们呼朋引伴想用相机记录下这个难忘的时刻。随着相机的闪光灯，这段珍贵的关于青春的回忆，也将会永远定格在学子们的心中。

上山难，下山更难。本就体力消耗殆尽，还要一步一步克服向下倾倒的姿势，每一步都无比沉重，仿佛下一刻会失足跌倒。克伦威尔说过："友谊之光像磷火，当四周漆黑之际最为显露。"下山路上，每当有同学想要放弃的时候，身后总会有人鼓励着他坚持下去。情绪高昂时，学子们不禁一同高歌几曲，欢声笑语连片。《我和我的祖国》展示南中学子拳拳爱国之心，《红日》唱出南中学子乐观积极向上的态度……明明已经体力不支却还能放声高歌不断，激情心态让南中学子忘了苦忘了累。

这就是青春的力量，这就是克服一切困难的意志，这就是伙伴的力量。正所谓，一人走得快，一群人走得远。大概就是这样吧，南中学子共进退，一步一步慢慢走，却能走 16 公里而不喊苦不喊累，只因有一群伙伴陪伴，体力就会被无限放大，潜能就能被无限挖掘，极限就会被无限挑战。南中学子之间的美好情谊接受考验后反而更加深厚。

师生同心，研学悟道

既然主题为研学活动，又怎少得了地理老师们有趣的讲解呢。尽管高二地理科组的王高权老师已经在活动前一晚向同学们详细讲解了西樵山的历史文化与地理状况，仍阻挡不了他在徒步活动当天为同学们讲解的热情。

上山的路很长，但求学的路更长。同学们不仅锻炼了身体，磨练了意志，还学习到了许多课外知识。同时也被王高权老师独特的口音与幽默逗得哈哈大笑，缓解了长途跋涉的疲劳。

在两公里的白衣徒步队伍中，总能看见许多蓝色的身影点缀其中。他们是南海中学敬业的教师团队与热心的家长助威团。16 公里的徒步，把许多坚持锻炼的同学累得叫苦连天，但老师们总是默默地跟在同学们身后，陪伴他们走完了 16 公里的全程。一位女老师嘴上在吐槽太苦太累，但却笑容满面地推动着乏力的同学前进。而 2022 届高二级易林霖级长更是在正式徒步的五天前探了路，走完了全程，为同学们提前踩好了点，确保当天的活动能顺利进行。正是老师们的付出与支持，让同学们能够充满动力地向目的地迈进。为南海中学敬业的教师们点赞！

成长之路　学子感悟

健康路上，脚下是一地红花，眼前是攒动的人海，耳边是欢声笑语。红花过后是一片又一片幽深的绿海，入目皆是各种层次的绿，不断刺激着视觉神经。最美的风景在高处，在观音脚下向远方眺望，曾经在街道上耸立的高楼此刻都已化作一块块的方砖，那不是凌驾于云颠的愉悦，更像苏轼笔下飘飘乎羽化登仙的畅快。闯关路上秋风起，落叶满地，登过峰顶，望过远方，归来后恍若梦一场，唯有梦中的喜悦久久不散。

在这样经历过疫情的特殊背景下，我们师生一起徒步西樵山是一件特别有意义的事。

同学们既感受到了西樵山深厚的文化底蕴，又从中汲取永不言弃的力量，并在日常的学习中发扬坚持不懈的精神，磨练自己的意志力，制定目标，坚定向前。就这么走啊，走啊，仿佛天地间只剩下我与同伴。我们都不作声却又默契十足地沿着小道，静静地走。只有在静谧时刻，才能感受到自然美的盛开。身旁的一花一草，一虫一鸟，皆是倔强而美好的生灵。行进间，吸引我的仿佛不是沿途景致，而是同伴间的趣谈。在欢笑中也忘却了身心的疲惫，只想细听接下来的故事。多想记录下同伴们讲述的奇闻逸事，但照片中摄下的只有灿烂的笑颜。观音座下，台石阶上，是红帽白衣的岁月静好。我们挥动着青春的翅膀，高声发出青春的呼喊。

晴日下，山川前，高三学子许下诺言：必将踏过六月的刀刃，收获属于我们的风景。

十六公里很长，我们全力以赴，走了一个上午；十六公里也很短，同学们未来的征程中还会有无数个"十六公里"。十六公里的徒步拉练虽然结束了，但我们学习知识的征途还没有结束，未来需要我们用自己的双脚走出来。愿南中高三学子保持这种肯吃苦、能坚持、敢奋斗的精神，迎战高考，走向更远的未来！

——21316 黎晓锃

徒步，让我浮躁不再。每一次徒步，自己的身体和思想都会来一次自我交谈。行走的时候有很多感触，走完了却又完全释怀了。徒步的过程就是一次自己跟自己对话、自我反省的过程。在如今这个浮躁的生活中，徒步给了我一个自我平静、自我沉淀的机会。

徒步，让我重新认识自己。行走时，人的思维会处于一种既不是完全飘散，又不是完全集中的状态，非常接近冥想时大脑的状态。徒步中的冥想开启了我们内心的大门，通过与自己对话，诘问自己，从而进一步认识自己、了解自己、肯定自己、升华自己，就会对自己的选择越清晰和坚定。徒步，让我学会独立思考。伴着呼吸的频率，宁静地放空；伴着心脏的跳跃，感受着自己。

徒步，让你我更亲近自然。如果不热爱大自然，又怎么会总希望徒步的时候，身边可以看到些花草树木。爱上徒步后，心会不由地想去田野间，去到山林里，去到自然中，因为人本身就是从自然界中产生出来的。

徒步，让我重新找回目标。世界的不安定，让人也变得浮躁，很多时候连把自己相处的时间都交给了手机或娱乐。我们看待外界变得越来越模糊，越来越不知道自己想要什么，对目标失去了焦点，对自己失去了信心，对所闻所见麻木不仁。然而徒步，却能够让我们找回迷失的自己，并重新确立人生的新目标。

徒步，让我明白坚持的意义。我们在徒步之前总是做好了面对困难的准备，但每次走下来都觉得困难没自己想象的那么难，人生不也是如此？充满了未知，你不知道下一刻你要面对什么，你也只能一步步地迈出去。每次走到快放弃时，自己告诉自己再坚持一下，要坚持下去。

即便并不明确自己追求的到底是什么，但只要安静地走着，经历着困苦、沮丧、快乐等种种情绪，徒步本身就已经成了寻求意义的过程。有的时候，真的得回头看看你第一次出发时的新鲜和忐忑心情，找回初衷，才能让自己继续保持前行的动力。

——21306 黄楠

不经历风雨，怎能见彩虹。不经历徒步，怎能遇见更好的自己。犹记得第一次的刻骨铭心是在几年前，千万大军的赛场——中考，日复一日的，年复一年的学习，只为在那场比赛中遇见最好的自己。最近的一次刻骨铭心就在这次徒步了，遥远的终点，难以言喻的苦累，队友的苦苦支撑，到达终点的极致兴奋，这些画面历历在目，终生难忘。

徒步完，朋友说徒步的意义在于遇见更好的自己。在第二天的时候，我真正体会到了这句话的真谛。和朋友一起徒步是一件相当快乐的事情，叽叽喳喳热热闹闹，我们也和老师讲笑话。但这种快乐时刻不总是在的，到了中程，脚底热辣，人在太阳底下无处可藏，就会真正开始感受到徒步的苦。等到中午回程时，脚基本只剩下简单的反射动作：抬起，放下，大腿和小腿好像在和我作斗争，不断地抽痛，想要让我终止这场和自己的比赛，让我痛的生不如死恨不得当场就放弃。我拖着累到极致的身体，走完 16 公里。我有一千种理由说服自己放弃，但我没有放弃，因为我中途放弃了，我的朋友们怎么办？看着他们都在咬牙坚持，那一刻我感动了，他们遇到困难的时候，第一想到的不是放弃，是迎难而上，是坚持到底，是向死而生。如果在人生当中我遇到困难，会选择退缩还是迎难而上呢？在这次徒步过程当中，我给出了答案，也是给自己一个肯定。

此次徒步活动给予我太多的感悟，徒步对于梦想，追着梦想的道路漫长，枯燥，注视脚下，砥砺前行，终达终点；徒步对于学习，学习中也会时常遇到陡坡，和同学相互帮忙，咬咬牙，努努力，陡坡也会变平路。徒步，让我见识了美丽的西樵山，让我体会了徒步的意义，让我遇见美好的世界，找到真实的自我，我想这就是为什么要去徒步最好的答案。

感谢学校给予我这次体验人生、增长见识的机会。

——20830 陈晴怡

古人常言：读万卷书，行万里路。我姑且算是个读书人，每日在书斋中与书打交道……却未行过万里路，不知万里路如何能与万卷书相比……怀着不解，我踏上了西樵山徒步之旅。

路很长，在烈日炎炎下更长。我的激情一点一点磨灭着，道路仿佛无限延伸；身上汗淋淋，汗干了，又湿了，又干了……步伐逐渐沉重了。看着逐渐糊成一团的树木和光影，我不禁陷入了思考：我是为了什么而出发的？觉得累吗？要放弃吗？

人亦坚，在苦困重重中更坚。我费力地抬起了头，周围的同学也因为劳累而弯下了腰，因为酥麻而放慢了步伐……他们也和我一样吗？不，他们目光是如此坚定，他们还在向前，虽然慢，但确实在前进着。突然，脑海里闪过《太阳照常升起》里的一句话："你从这里是望不到大海的。大海离此还远着呢。你只能看见绵延不断的山峦，除了山峦还是山峦，但是你知道大海在何方。"是啊，看不到目标，我知道它在那很远、很远的地方等着我。

山很美，在经受苦累后更美。终于登顶了，过程比想象中的要累，结果也比想象中的要美。俯瞰下去，一切显得如此渺小；抬头仰望，一切又显得如此辽阔。刚刚数小时的劳累，都随山顶的风一样，自由飘去了，而我在这天地之间，享受空灵，享受静谧，享受自己。

闻名已久，不如今日一见。读万卷书之余，行万里路大有裨益。那山那人如此和睦，那人于山中追寻自我，探求真理，一路高歌；那山在人的映衬点缀下亦熠熠生辉，生机勃勃，名扬万里。

那山，我还想再走一遭；那人，可记今日之旅？

——20914 彭智豪

我在管理实践中特别强调，德育活动化、活动课程化、课程体系化。没有活动就没有体验，没有课程就没有深层次体验，不成体系就难以有触及灵魂的体验。活动前期的策划、过程的实施、后期的总结都交给学生，让学生广泛参与其中，增强学生的体验，从而达到绿色教育所倡导的"活动是最好的教育"的观点。新时代背景下的素质教育，一定是一切以学生为中心的，无论课堂还是活动。

重大活动的前期筹划交由各班学生成立的创意小组，教师只做指导而不进行具体参与，让同学们充分发挥想象、施展灵感、表现才华。活动在实施过程中，学校各部门为场地、材料、人员提供最大便利，满足孩子们的思维转化为成果。后期的总结是整个活动最有助于孩子们成长的环节，引导孩子们讲述活动过程中感人的瞬间、值得铭记的人和事，同时对自己的表现进行一次客观的评价。

2. 顺木之天，以致其性

只有顺应天性的教育才可能不成为学生的负担，只有顺应天性的教育才可能调动学生内在的学习动机，激发学生自主发展的愿望。

顺应天性一方面是指要遵循不同年龄阶段学生的生理与心理发展规律。高中生的年龄大多数在15~18岁的范围内，这个时期在身心发展上是由青少年到成年的过渡期，生理发展正处于青春发育末期，智力迅速发展，自我意识增强，情绪情感趋向成熟，意志发展迅速。这段时间也是发展自我管理意识与能力、形成持续自我激励的关键时期。这就需要学校在进行教育教学活动设计的过程中充分考虑学生的心理与生理特点，将学校教育牢牢建立在学生的身心发展规律上。

南海中学围绕培养绿色学生的总目标，参考不同年级学生成长特点，形成了不同年级学生的培养目标：高一级爱·养成、高二级责任·感恩、高三级拼搏·理想，使学生的培养呈现出阶段化与序列化。根据新课标精神和人才成长规律，打造了高效优质的课堂教学模式和绿色德育育人模式，开发了绿色教育系列课程，整理编写了绿色德育科研校本教材。

顺应天性另一方面是指张扬个性，发展个性。发展个性既是时代的需要，也是人的自我发展与完善的体现。《国家中长期教育发展改革与发展规划纲要》明确提出个性发展本身就是现代化的标志，无论是适应时代发展的需要、服务国家和社会的需要还是实现自身价值的需要，个性发展都居于重要位置。因此，学校教育应该把发展学生个性作为重要的使命与任务，在基础知识、基本能力合格的基础上推动每一个学生的个性发展。这就要求学校教育要创造学生自由成长的环境与氛围，尊重生命的个性和差异性，发现和发展每一个人的优势智能，悦纳学生的质疑，鼓励学生的自主发展。

南海中学在倡导绿色课堂、自主学习，推行"小班化"和"导师制"教学的同时，还定期开展科技文化周、社团文化节。通过各种实践，将学习重心从教师主体转向学生主体，促进青少年学生既全面又有个性地发展。

（二）遵循融合之道

"绿色教育"提倡人文教育与科技教育的融合，即在两种教育的互动中实现学生的健康可持续发展。人类不仅仅需要向外探索无限浩瀚星空，同样需要向内构建自我精神世界。南海中学基于绿色教育理念，提出人文与科技并重，二者相互交融的教育主张，其内涵包含两个方面。

1. 科技育才，人文育人

社会和个人的进步都离不开人文与科学的协同发展。其中科技教育关注的是学生的逻辑思维和探索能力，是指科学教育和技术教育。科学教育是训练观察自然的艺术，侧重于逻辑思维；技术教育是训练生产物质产品的艺术，侧重于知识的运用。科技教育不仅担负着促进社会进步发展的使命，还担负着培养学生科学精神、逻辑思维和探索能力的使命。

当今时代，创新意识和创新能力是创新型人才必备的素养。因此，南海中学积极探索最为适合本校学生的科技教育模式，通过国家课程校本化，开设生物、计算机等多个学科拓展课程，引领学生领略科技的魅力，带领学生走进探索科技的大门。

在人类文明的历史上，科技和人文就好比飞机的两翼，推动人类从野蛮和蒙昧走向启蒙和开化，最终创造出辉煌灿烂的人类文明。人文教育关注的是学生的人文情怀与精神世界，正如杨叔子院士所说的，"人文教育是塑造人类灵魂的教育，是振奋民族精神的教育"。由此，人文教育对于生命成长而言，一是在传统文化的传承中获得民族自豪感和归属感；二是能构建起一个内在的精神世界，让人学会相处，也学会自处，更学会生活。南海中学在培养学生创新素养的同时，也注重培养学生的人文情怀。通过构建人文类校本课程，开展特色社团活动，让学生不仅培养向外探索的素质和能力，也能向内与自己对话，构建属于自己的精神世界。

2. 融合创新，生生不息

在当下知识经济时代以及即将到来的信息智能时代，社会需要的是具备适应未来发展的核心素养的学生，即培养能综合运用多种理论与方法解决复杂情境问题、非确定性问题、结构不良问题，并进行深度学习的创新型和复合型人才。这就需要学校重视科技教育和人文教育的有机融合，具体落实到教育中，就是要注重学科的融合，即打破学科边界，进行跨学科合作学习。

学科的融合为师生提供了更多的自主性——可以根据课程和学情的需要进行自主的调整，以此提高学生自主创新、独立思考和综合实践的能力。为此，南海中学计划开展更多课程整合以及项目式学习方面的研究，通过国家课程的破与立、地方课程的增与减、校本课程的融与放，打破传统的学科壁垒，实现跨领域、多维度、高层次的课程整合，为学生提供更趋向于体验式、实践性、综合化的系列课程。

（三）构建生态体系

绿色教育提倡教育生态体系的构建，其体系如下图所示。

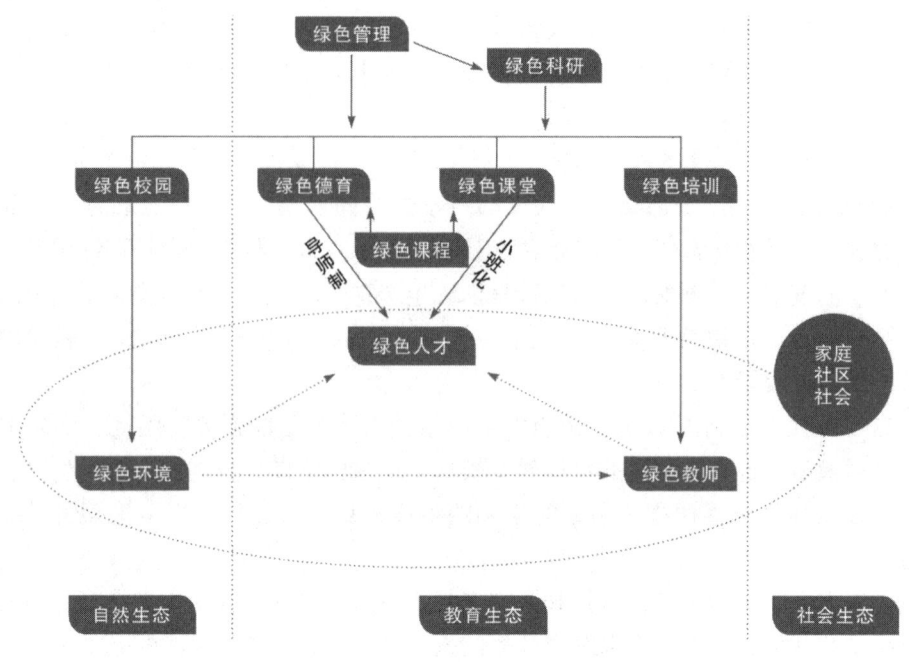

教育生态体系

"生态"一词起源于对生态系统和生物多样性的认识。一般而言，生物多样性越丰富，则生态系统越稳定，也就是越"生态"。但这种多样性并不是简单的数量庞大，而是相互关系选择性较多，并且各生物之间主要是一种依存与合作关系，而不是片面强调竞争与淘汰关系。这一生态概念反映在教育价值导向中，主要表现为对多样性的尊重，更加强调在尊重人的同时，也需要维护人与自然、社会的和谐共生。教育是自然、学校、家庭、社会等多方协调作用的系统工程，构建教育生态体系主要从以下三个方面考虑。

1. 天人合一的自然生态

绿色教育倡导一种生态化的校园。一方面强调校园环境的绿色体验，实现由"人工景观环境为主，兼部分自然环境"向"更多自然生物繁茂生长的场所"转变，减少人造环境，增加自然环境，最大限度地扩大学生与环境互动的可能性。另一方面强调空间使用的多样性与生物多样性的耦合，实现校园在满足基本的学习生活空间的同时为学生多方面素养的拓展提供场所；同时，校园的植物种植也需要突出多样性，在整体规划中根据植物的经济价值、物种特点形成多物种、多层次的绿化体系。

基于此，南海中学在构建绿色校园的过程中坚持以自然景观装点校园为主，并且将植物的种植根据活动的需求进行有机搭配：构建可供师生观赏的植物园，可供学生日常种植、养护的种植园和试验田，可开展相关课程的户外场所，可供师生游憩的林间花园等。

2. 协调生长的教育生态

绿色教育提倡在学校内部营造一个良好的教育生态。南海中学将此作为目标，以绿色管理理念为核心，以绿色科研、绿色课程为支点，以绿色德育、绿色课程、绿色培训为突破口，把绿色教育贯穿于学校各部门管理及各学科教学之中，形成绿色的教育生态系统。其中以绿色德育、绿色课堂为打造重点，以绿色课程、全员导师制、小班化、绿色培训为依托，培养绿色人才和绿色教师。

在构建教育生态的过程中，南海中学非常注重育人板块内部以及板块与板块之间的联系。例如，在构建绿色课程方面，不仅考虑到课程形态与内容的多样性，在国家与地方课程之外，开设相应的校本课程，如学科拓展课程、社团活动等；同时还考虑到课程与课程之间的协调与衔接，注重学科与学科的融合、社团活动与学科课程的链接等。在构建绿色管理上，学校也考虑到师生的自我管理、社会参与管理、行政管理等几个方面的协调性。

3. 共生共存的社会生态

教育是相互联系和相互渗透的，要想促进学生的成长，必须构建家庭教育、学校教育和社会教育三位一体的生态体系，实现三者的有机结合。

从生态学来看，家庭教育、学校教育和社会教育都是整个学生教育生态链中不可或缺的部分。在这个链条中，家庭教育是孕育，学校教育是助力，社会教育是延伸，三者共生共存，缺少任何一个，另外两个都会受影响。基于此，南海中学希望通过建立家庭、学校、社会的联动机制，共同为学生成长助力。为此，成立了三位一体的委员会，共享教育理念；建立虚拟信息网络平台，实现信息的共享和透明等，形成家庭教育、学校教育和社会教育良好互动、相互支撑的社会生态。

二、办学理念：守望生命的绿水青山

（一）守望

"守"是指坚守初心，遵循规律。教育，需要坚守的毅力，需要呵护的温暖。首先，"守"是成长中追求梦想的坚守，不忘初心，方得始终，成长路上只有守住初心，才能找到人生前进的方向，才能保持积极进取的状态。其次，教育是静待花开的呵护，每个学生的成长都有自己的节奏，为人父母、为人师长，能做的便是顺天致性，静待花开。

"望"是指积极进取，把握未来。首先，教育是对美好未来的预见，未来将是一个怎样的时代？未来将需要怎样的人才？教育只有回答了这些问题，才能让学生更好地把握当下，适应未来。其次，"望"是与更好的自己的相遇，每个人都有无限可能，满怀对未来的无限激情，努力拼搏每一天，宽容而不纵容，期待而不无为，相信自己能够与未来更好的自己相遇。

"守望"，即守护初心，盼望未来。无论是学校和老师，还是学生和家长，都应当是教育的守望者：守望理想，守望耕耘，守望成长，守望收获。教育不是放任，更不是控制，而是肩负让孩子成人成才的使命与责任，积极关注每一位学生的成长与挫折，尊重学生，爱护学生，给学生适度的空间去展示生命的价值，去自由舒展生命的能量，静待教育的理想叶茂花开。

（二）生命的绿水青山

"生命的绿水青山"是指生命成长的生态环境。这里的生态环境包括自然生态环境和教育生态环境。生命的绿水青山不仅能够让生命充满活力，而且也能够带动生命的可持续发展。

良好的自然生态环境是孕育生命的绿水青山。南海中学期待每一位南中学子能够"望得见山、看得见水、记得住乡愁"，让大自然青山长青、绿水常绿，让每一个生命尽赏自然、尽得清欢。

良好的教育生态环境是培育生命成长的绿水青山。以南海中学为中心构成的、反映教育体系内部的相互关系的教育生态系统，其对内涉及学生、教师、课程、教学、管理、评价等内容，对外涉及家庭和社会。只有建设好共生共存、彼此影响、纵横交织的教育生态系统，才能实现教育过程的整体优化，才能培养出优秀的绿色学生和绿色教师。

天高任鸟飞，海阔凭鱼跃。大自然的广阔无边为鱼跃鸟飞提供了空间，自然生态环境和教育生态环境为师生提供了平台。让生命能够在绿水青山之间自由舒展，生命才会充满活力，才会得到可持续生长。生命的绿水青山所展现的，便是"鱼翔浅底，鹰击长空，书生意气，挥斥方遒"这样一幅辽阔而生机勃勃的绿色教育画卷。在画卷中，学生是灵动活泼的、是朝气蓬勃的、是个性张扬的，教师是春风满面的、是充满创意的、是神采飞扬的；在画卷中，无论是师生还是家长，都能不断地自主学习，自我更新，迸发光彩，都能让生命得到可持续的成长与发展，同时推动社会的可持续发展。

（三）守望生命的绿水青山

"守望生命的绿水青山"，就是要坚守绿色教育发展理念，在润物无声的春风里静待教育理想叶茂花开；就是要坚守以人为本的科学发展观，在漫长的付出和等待中恭候秋天的颗粒归仓；就是要守护帮助学生健康自主成长，在静水深流的期待中守望生命的美好风光。

于学校而言，"守望生命的绿水青山"，是一幅秀美的教育图景。学校秉持可持续发展的绿色教育理念，凭借强大硬件和先进教育技术，构建良好教育生态和校园生态，为教师提供一方施展教育才华的天地，为学生提供一处绽放自我光彩的乐园；"守望生命的绿水青山"，是一份坚定的教育信念。践行绿色教育，坚持绿色发展，引领全国绿色教育潮流，奠定学生幸福人生，是南海中学的坚定信念。信念即成，无论世事变迁，几多风雨，则应一以贯之，不动如山。

于教师而言，"守望生命的绿水青山"，是一个清晰的自我定位。问渠那得清如许？为有源头活水来。行进在专业成长的道路上，生命本身才不会停滞生长。为人师表者应该明确自己在教育中的角色，并保持自我更新的意识和能力，不断完善自身的知识结构，形成复合开放的思维方式，努力成为学生成长的引路人和守望者；"守望生命的绿水青山"，是一份庄严神圣的承诺。让生命郁郁葱葱是教师的责任，让生命繁茂舒展是教师的使命。教育是慢的艺术，教师应在学生成长的自觉、自主、自立、自强过程中静待一树一树的花开，在学生自主发展的基础上为生命的绿水青山撑起一片天空。在期待中，等待学生的成长；在等待中，守候学生的进步；在守望中，分享学生的喜悦。在探索教师成长路径方面，我曾不断思考如何从机制建设发力促进教师专业发展，2007年至今虽时过境迁，但理念共同之处可作借鉴。拙见如下：

建立校本培养机制　促进教师专业发展

近年来，由于我校办学规模不断扩大，调入了大批年轻教师，加上新课改的实施，所以我们必须建立校本培养机制，搭建教师专业发展平台，促进教师专业发展和综合素质的提高。

以备课组为校本教研的主阵地，以备课组为核心，扎实地开展教学研究。构建以备课组为单位的电子备课流程，由各备课组长主持，提前一周备课，每课安排中心发言人，其他教师发表意见，研讨教法、学法及练习设计。各备课组成员分章节负责设计教案，加工成为课堂共享课件；各备课组成员下载、修改、完善，最后形成个性化电子教案。这样成员间相互借鉴、相互学习、共同提高。我们认为备课组活动是促进教师专业发展最有效的校本教研形式。

每学年都要举行各种教学比赛，形成制度化，促进教师成长。安排青年教师说课、作课比赛，要求全校教师参加听课。青年教师受传统教育思想影响较小，对新课标的理解、把握、运用更加准确，加之信息技术娴熟，大多数课都非常精彩，不但参加比赛的青年教师在这个过程中获得进步，对于其他教师来说也是一个很好的学习过程。

举行青年教师高考模拟试题命题比赛、解题比赛。这是促进青年教师刻苦进行学科教研的推进器。命题是全面钻研并吃透考纲和课程精神的过程，要在解题比赛中获得好成绩，教师就得跳入题海，认真分析试题，全面地把握课程。

实行"导师工程"，选派经验丰富和理论知识深厚的教师担任青年教师的导师，积极发挥有丰富教学经验的教师的"传、帮、带"作用。青年教师先听导师的课，再自己上课，师徒以"课例研究""题例研究"为主要内容，提高青年教师课堂教学水平和艺术，再辅之以每节课写教学反思、每周写一篇教学故事，对教学工作不断地进行总结提升。建立培训机制开展校本培训，每周开展5小时的教师业务培训，主要内容为新课程培训、信息技术培训、心理健康教育培训等。

举办学科教育论坛。请本校特级教师、学科带头人等名师讲课，邀请校外的教育专家来校讲学。创造条件让教师参加各种学术交流和科研培训活动。教师通过参加这些活动可以开阔视野、增长见识、提高理论水平和创新能力。

强化校本资源管理。每学期结束，学校组织各学科组、各备课组将教学资源，包括每节课的电子课件、考试题、测验题、练习题等收集汇编整理，并进行评比，然后把所有资源放到学校的"网上邻居"和学校的"学科资源网"。这是非常重要的符合本校学生实际的校本资源。这一措施使每位教师都拥有本学科三个年级的教学资源，能促进教师间相互学习，提高专业水平和工作质量。

建立教师专业发展的激励机制。设立职级教师制，我校制定了《首席教师、学科带头人、骨干教师评选方案》，评选条件涵盖了教师的教学业绩、参加校内及各级教育部门的教学比赛成绩、辅导学生参加竞赛成绩、发表或获奖论文（论著）、科研课题成果、指导青年教师取得成果等方面。每年对教师在上一学年的工作业绩评审一次，达到相应条件的分别被聘为首席教师、学科带头人、骨干教师。职级教师的福利待遇与相应级别的行政等同，首席教师等同校级行政，学科带头人等同中层行政，骨干教师等同科组长，为教师多样化地选择最合适自己的发展道路创设机会。

以上是我们在加强校本培养机制和促进教师专业发展方面的实践探索。实施几年来产生了较好的效果，涌现了多名全国先进教师、省特级教师、市学科带头人。教师中有多人次获得奖励和表彰，教师的教学水平提高了，学生的学习积极性提高了，学校的教学质量提高了！（作者单位：佛山市南海区石门中学）

本文刊载于《江西教育（管理版）》2007年/1A，第29页

于学生而言，"守望生命的绿水青山"，是一份绿色的担当。南中学子在校园中窥见百花烂漫的春天，倾听万鸟啁啾的夏季，采摘硕果累累的金秋，抚摸碧树葱茏的冬日。校园里四季更迭的自然风光在每个学子内心撒播热爱自然、保护自然的种子，滋养出一份为"中华大地天更蓝，山更绿，水更清，环境更优美"贡献力量的责任。"守望生命的绿水青山"，是一幅自我的心像。每个南中学子在绿色教育的理念之下都能适性而学，顺应天性，张扬个性，让生命自然、自主、可持续地生长，为自己的人生构建出属于自己的青山绿水，活出不一样的风景。

于家长而言，"守望生命的绿水青山"，是一次守望相助的约定。父母的角色是

守护孩子，应让他们时刻感知到：我在这里，我在倾听，我明白你，我关心你。家长与学校的合作与沟通，是孩子成长之路的绿色高速公路。绿色德育，家校合作，加强与学校的多渠道沟通，是家长在构建良好绿色教育生态中的重要使命。"守望生命的绿水青山"，是一场重拾背囊的旅行。和孩子一道站在绿色教育的新视角，认识新世界，接受新事物，思考新理念，尝试新方法；和孩子一同丰富自己的精神世界，滋养生命的活力，践行生态文明新理念；和孩子一起背起绿色发展的智慧背囊，这于家长而言也是一次成长的机会。

三、育人目标：培养新时代的绿色人才

南海中学以培养新时代的绿色人才作为育人目标，即培养既关注自身的可持续发展，也推动世界的可持续发展的人才。

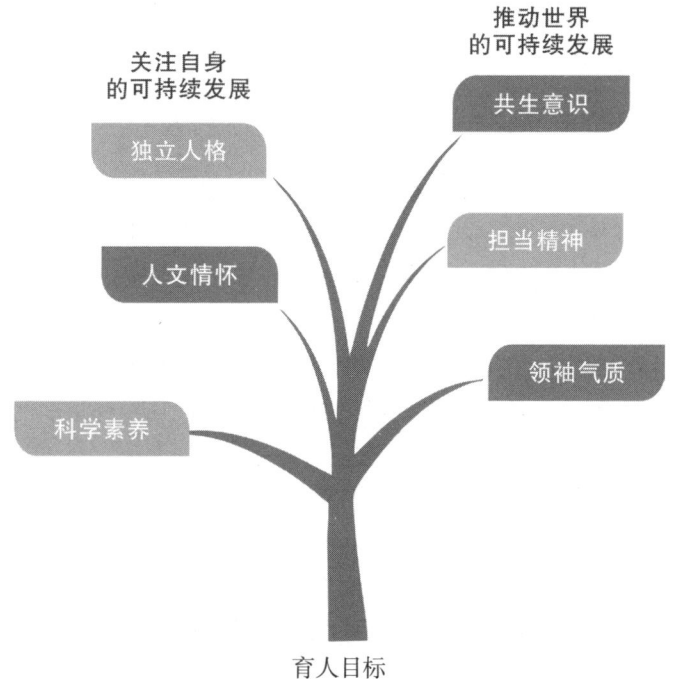

（一）关注自身的可持续发展，做未来的合格公民

培养可持续发展的人是指培养具备适应未来发展的核心素养的未来公民。而能适应未来发展的人才应当是在智能化信息时代能够保持自己鲜活的个性，保持内心的温度，也能为时代注入新鲜活力的人。在绿色教育理念的引领下，结合时代所需，南海中学提炼出南中学子应当具备三大核心素养：独立人格、人文情怀、科学素养。

1. 独立人格

独立人格是指学生在德智双全和身心两健的前提下所具备的自信自主。所谓自信是指学生能扬自我之优长，在擅长的领域里绽放光彩，让他们在时代的洪流里看见自己，成为自己。所谓自主是指学生能绘未来之蓝图，认识与认可自我，明晰自我的价值，换言之，自主是一种对自我"从何而来，又将从何而去"的清晰认知和坚定信念。拥有独立人格的人能保持成长的动力，坚定地成长为最好的自己。

2. 人文情怀

人文情怀指在一定的人文积淀的基础上由内心生发的对人的深厚情感。具有人文情怀的人拥有柔软的心灵，积极向善，理解他人，同情弱者，关爱身边的人，关爱民族，关爱人类。

3. 科学素养

科学素养是指具有崇尚真知的情感，具有实事求是的态度、追求真理的辩证精神以及理性严谨的思维方式。具备科学素养的人能够全面地思考问题，用科学的精神去面对问题、解决问题。

（二）推动世界的可持续发展，做绿色发展的先行者

培养推动世界可持续发展的人，即培养具备可持续发展社会、环境所需的能力及主动担当推动世界可持续发展的责任的绿色公民，这要求学生具备共生意识、担当精神和领袖气质，让他们能在绿色发展中有所担当、有所建树。

1. 共生意识

共生意识指学生具有与他人合作共事的意识，与社会、与自然和谐共生的意识。这种共生意识也包括具有全球视野、历史视野，包括理解祖国的传统文化与历史、理解多元文化的态度。南海中学提出在绿色教育中学生应当具备与他人、与社会、与自然和谐共生的素质，在合作中推动可持续发展的实现。

2. 担当精神

担当精神指学生能树立正确的可持续发展观，以推动社会、环境的可持续发展为己任。南海中学的学子在绿色教育的理念中成长，应当勇于承担推动世界可持续发展的责任，做绿色发展的先行者。

3. 领袖气质

领袖气质指具有超强的行动力，于团队而言就是领导力，包括组织的才能、领导的艺术、高度的包容性和团队责任感等。拥有领袖气质的人能积极地推动、组织甚至领导绿色发展，并且在行动中既可以作为组织的领导者，具备事物发展的预见能力以及相应的决策能力，也可以作为组织的协调者，具备良好的沟通与组织协调能力。

第三章　绿色教育理念的实践与成果

"守望生命的绿水青山"的绿色教育理念在笔者心中萌生虽然有些年头了，但实际上是从 2016 年起逐渐在南海中学的教育教学实践中总结出来。可谓是边实践边总结，再升华再实践。终于在 2020 年以较为完备的理论体系和优秀的实践成果引起《中国教育报》的关注，于 2020 年 7 月 1 日刊载了笔者 3300 余字的长文——《广东省佛山市南海区南海中学：全面推进"绿色教育"促进学校绿色发展》，这里附录全文：

全面推进"绿色教育"　促进学校绿色发展
广东省佛山市南海区南海中学

傅陆根

佛山市南海区南海中学坐落在西樵山下、北江河畔，是"首批国家级别示范性普通高中""佛山市高中仅有的一所国家级别绿色学校""广东省心理健康教育示范学校""佛山市首批精品高中"。作为一所校风严谨、享誉南粤的百年名校，学校领导班子齐心协力，认真负责，全体师生砥砺奋进，积极进取，实现了学校办学成绩 5 年两跨越！

"绿水青山就是金山银山"的绿色生态发展理念深入人心。同样，南海中学也提出了"守望生命的绿水青山"的办学理念，构建出了"自然·人文·科技"三位一体的校园文化。经过几代教育人的探索前行，探索出了一条适合学校发展的"绿色教育"之路。学校积极打造自然生态与文化生态相融合的绿色课堂，创造"处处'绿'映眼、时时'绿'相伴"的绿色环境，培养德艺双馨、追求卓越的绿色师资队伍……

绿色理念　夯实办学之基

南海中学的历史沿革，可追溯到清光绪三十三年（1907 年）的"南海中学堂"。20 世纪 30 年代学校成为全国 9 所优秀高中之一（广东仅有）。一代代南海人无私奉献、奋发图强，为学校的发展谱写出华丽的篇章。

守望 生命 的 绿水青山

高速发展是现代社会和现代教育的特征之一，然而高速发展的同时也带来了环境污染、教育内在精神缺失等问题。因此，南海中学提出了适合校情的"绿色教育"办学理念。其核心要素包括科学、人文、阳光、和谐、可持续发展。"绿色教育"更强调以人为本，注重以科学的方法培养人，以人文的精神塑造人，以绿色的环境熏陶人。

作为佛山市仅有的一所国家级别绿色学校，学校始终把建设绿色校园作为践行"绿色教育"理念的起点。学校依山而建，整个校园呈阶梯状布局，从海拔低的体艺馆到海拔高的山顶球场，共有251步石质阶梯，落差60多米。校园内岭南特色浓郁，更有四大亭台——仰圣台、滴水岩亭、思源亭、致远亭和六大园林——桃李园、绿芒园、生物园、翠竹园、丹桂园、致远园点缀其中。这里，春有木棉绽放，夏有竹影潇潇，秋有白兰生香，冬有榕树葱葱……随处可见的"绿"，为学校提供了良好的绿色教育基地。"以景为阶，人在中央"，抒写出人文的绿；节能的基础设施和设备，提效的智能集成系统，构成了南海中学智慧的绿……

绿色团队　为学生保驾护航

校以人兴，教以人立，好学校的核心是教师。学校一直以来都十分重视师资队伍建设。学校现有编制教师279人，其中，正高级教师1人，特级教师1人，高级教师107人，硕士研究生61人；国家级别、省级名师培养对象9人；佛山市名师11人；南海区名师53人，其中3位教师被评定为高级别的区首席教师，为南海区首席教师较多的高中。这些教师中既有经验丰富的老教师，也有年富力强有培养前途的青年教师，他们共同为学校发展不断增添亮色。

加强青年教师队伍建设是学校工作中的一项重点。学校采用"师徒结对"的方式，通过名师引路、师傅带路、徒弟上路、共同探路，帮助青年教师迅速完成角色转换，适应学校教育教学特点，为教师的专业成长探索了一条行之有效的路径。

学名师，仿名师，成名师，已经成为教师的绿色成长之路。在名师的引领下，教师们积极参加各种教研活动和教师专业技能大赛。近5年教师获得国家级别荣誉36人次，获省级及以上荣誉117人次，获市级一等奖及以上奖项共300余人次。其中教师论文获国家级别奖项21人次，省级奖项65人次；教师活动和比赛获国家级别奖项15人次，省级奖项52人次。有国家级别课题3个、省级课题25个。

绿色德育　奏响生命乐章

学校将"培养新时代绿色人才"作为育人目标，倡导在教学过程中育人，在育人过程中养成良好行为习惯，从而达到"德育为首，教学为主，育人为本"的教育目标。

为加强教师对于"绿色教育"内涵的深入理解，学校以活动为载体，积极开展"绿色教育"系列科研活动，比如聘请专家定期到学校进行"绿色教育"相关讲座，深入课堂指导教师进行校本教研，定期举办"绿色教育"沙龙和教师论坛，助推"绿色活动"实施。同时，为提高学生自主管理能力，学校还成立了各年级的自主管理委员会，从课堂管理、宿舍管理、生活管理全面提升学生素养。据统计，近5年自主管理委员会学生干部的成绩优异，考入理想大学的比比皆是。

"绿色德育"是重感情、重体验的教育活动，围绕"责任、感恩、拼搏、理想"进行德育内容的挖掘。学校每年举行"西樵山历史文化考察暨文化寻根活动""千人16公里西樵山历史文化和生态文明考察徒步研学活动""南海博物馆徒步活动"以及南海中学特有的"绿色讲堂""三湖书院"等活动，让学生在体验中获得感悟，不断成长。此外，学校还组织学生参与阳山助学体验之旅，体验农村学生的求学艰辛，从而提升学生的责任担当，提升社会责任感。

绿色课程　照亮前进方向

"绿色教育"是尊重人、感染人，并以实现师生健康可持续发展为目标的教育；要让学生自主学习，乐于学习，并且能创造性地学习。学校本着"为学生的终身发展奠基"的宗旨，创建了追求"科学（高效）、人文、和谐、阳光、可持续发展"的绿色课堂，开发了一系列"绿色教育"校本课程，比如在培养学生"独立人格"方面，构建了"绿色·生命""绿色·生涯""美术绘画""校园定向"等多门校本课程；在人文和科技类课程方面，将"绿色·生命""绿色·生涯""广东历史文化""南中文摘""信息学奥赛培训""物化生实验课程"等作为培养学生可持续发展能力的重点课程；同时在环保类和领导力课程方面，拓展"图说海中生物""地球大视野""领导力课程"等作为培养学生推动世界可持续发展能力的重点课程。

学校还开设了文理实验班，推行"导师制"，为学生配置省、市、区名师，安排专职心理导师、职业规划导师，对学生进行全方位指导。其中，还加大对特长生的培养，信息学和生物学是南海中学打造的品牌竞赛科目。2018年，南海中学学生在各类竞赛中获奖共1013人次，其中国家级别223人次、省级257人次。在第二十四届全国青少年信息学奥林匹克联赛（NOIP2018）中获全国一等奖9人，团体总成绩位列全省高中第10名、佛山市第2名。

南海中学的办学成绩5年实现了两大跨越，2019年居佛山市第二，广东省前列。

作为一所花园式的校园，让每一名学生关心环境，树立环保观念是必不可少的一项课程。为此，学校通过深入研究，开发了绿色校本课程，科学管理绿色校本课程，包括"南海中学绿色教育读本·地理""德育读本系列""环境教育校本课程"等环保课程。

此外，学校还将"学生心理健康教育"作为教育工作的重点，全面开展关于积极心理品质的心理活动课程，开设了"生命教育""生涯教育"校本课程及朋辈心理辅导选修课,并按照佛山市五星级标准配置了集心理活动、团体辅导、测量、咨询、阅览、沙盘治疗等多功能于一体的南海中学心理健康教育中心。

心理健康教育中心作为学校较大的心理社团,积极组织大型阳光心理专场活动,热心为需要帮助的学生进行校际"飞鸽传书"信件交换活动。

绿色社团　促进学生全面发展

为发展学生个性,促进学生可持续发展,南海中学定期开展科技文化周、社团文化节等大型活动,每月开展的活动都不重样:2月的师生趣味运动会,3月的阳山助学爱心行,4月的社团文化节、宿舍风采展,5月的校园科技文化节,6月的校园十大歌手大赛,9月的迎新暨国庆文艺晚会、新生杯球赛,10月的校园体艺节暨班级风采展,11月的汉字听写大赛,12月的元旦文艺晚会……缤纷多彩的活动,既充分展示了学生的特长,又丰富了学生的学习生活。

南海中学不仅盛产"学霸",更是各类社团"活跃分子"的沃土。学校有天文地理协会、棋艺社、摄影协会等学生社团50多个,其中还拥有街舞社、"百影汇"等品牌社团。充满活力的社团活动构成了一道亮丽的校园风景线。

这些社团不仅全面提升了学生的综合素养,更为学校和自身赢得了荣誉。2018年,南海中学代表队在第十届全国青少年文化遗产知识大赛表演和知识竞赛环节获得双冠军;校合唱曲目《雪花的快乐》《雕花的马鞍》获南海区金奖;校舞蹈节目《樵岭云纱》获南海区第十二届中小学校园艺术暨学生文明素养展示活动金奖。近5年,南海中学团委获"广东省五四红旗团委""市五四红旗团委标兵""区五四红旗团委标兵"等荣誉。

砥砺奋进,风雨兼程。未来南海中学将从新时代发展对教育的要求出发,从师生对未来发展的美好期待出发,以"绿色教育"为契机,不断统合发展资源、更新教育理念、创新教育教学方式,让南海中学在这一良好的教育生态下,"绿色"日益鲜明,梦想扬帆起航。

一、绿色课程

南海中学在百年的发展历程中,提出了以"绿色教育"作为学校的教育品牌,并逐渐形成了"守望生命的绿水青山"这一办学理念。学校希望以特色发展优势推动学校整体改革和提升,实现两年内把学校打造成南海地区具有影响力的绿色教育特色学校,五年内让学校再上一个新台阶,使学校的绿色教育享誉岭南乃至驰名全国。为实现发展愿景,学校在严格执行新的国家课程计划、认真落实教育部《普通高中课程方案》的基础上,根据学校育人目标,构建了独具南中特色的绿色课程体系。

（一）培养目标

南海中学沿用"任重致远"的百年校训，将教育精神薪火相传。"任重致远"一词源于《论语》中的"士不可以不弘毅，任重而道远"，集中体现了中国知识分子以天下为己任的责任意识，死而后已的奉献精神和脚踏实地、跬步前行的实干品行。学校以此为训，希望南海中学学子胸怀强烈的历史使命感和社会责任感，敢于作为，勇于担当，胸怀天下，走向未来。

成人礼上老师、学生和家长一起诵读《中华人民共和国宪法》

"任重致远"的谆谆教诲伴随每一届南中学子，这一校训不仅传承百年来的教育精神，而且在新的时代里焕发着新的光彩——"任重"是一种为人为己的担当，"致远"是一种可持续发展的追求。在绿色教育的理念下，南海中学希望每位学子能够学会担当，不仅能自觉自主地成长，为自己的人生负责，更能胸怀"为国家，为民族"的社会责任感，努力做出自己的贡献；同时也希望每位学子能在新时代里具有可持续发展的意识和能力，不仅保持自身不断成长的动力，使自己成为一个可持续发展的人，更能为世界的可持续发展添砖加瓦。为此，学校举办了模拟招聘会。

第三届模拟招聘会

　　第三届模拟招聘会主题为"模拟招聘，梦想启航"。此次招聘会提供约500个"岗位"，涵盖党政机关、工程制造、金融保险、贸易科技、能源环保、商业服务、文化教育、医疗卫生、规划设计、交通运输、现代农业、传媒广告等。为了让学生体验真实的求职竞争，用人单位对模拟招聘会格外重视，专门选派了企业负责人、人事部门骨干、行政领导参与"招聘"面谈。其中，党政机关、医院、学校等企事业单位特别受学生青睐。面试环节人头攒动，各取所需。在不同的企业展位前很快排起了长队，轮到时就把最好的自己展现给心仪的企业负责人。而企业负责人也会根据岗位性质和企业发展需要给面试的学生赋予一定的分值，并决定最终是否录用。在此过程中，有的同学还在认真完善自己的求职简历；有的在整理自己的发型和着装；有的在自言自语、组织着面试的语言；还有的三五成群分享着应聘体会和经验……收获人生的第一份"Offer"，激动而欣喜，所有的付出都值得回报。每个企业面试官选择出面试过程中留给他们印象最深刻的同学，现场为这些同学颁发荣誉证书，掌声、笑声、欢呼声萦绕整个招聘会场。

在西樵一小的招聘摊位前，25名同学围绕3个英语老师的招聘岗位展开角逐。"如果你是一位小学的英语老师，现在由你来当班主任，你会选择仁爱教育还是惩罚教育来管教学生，谈谈你的理由……"在第一轮面试环节，西樵一小相关负责人关老师向"应聘者"抛出了其中一个问题。进入到6人无领导小组辩论的复试，"应聘者"需要进行一分钟的英文自我介绍。关老师说，"应聘者"给人最深刻的印象是大方得体、自信心满满，很多同学都对岗位非常重视，身着正装，从容应对。

"你要值夜班，但是刚好是一个很重要的日子，是男朋友父母的大寿，那你怎么办？"在佛山市一医院，面试官的问题也是别出心裁，直戳要害。高二学子潘同学表示，疫情让自己对世界和人生的思考发生了重大变化，以前自己一直想做律师，但是现在努力考医科大学，做一名医生作为自己的人生目标，父母也特别支持。

204班的张同学和刘同学高中选科是历史、生物和政治，她们在佛山一家科技公司应聘"人事主管"的岗位，"为了这场招聘会，我们提前一周就着手准备，今天招聘考官问的是关于处理员工关系的问题，感觉还是有点紧张。"张同学说，自己大学的专业意向是工商管理方向，因此在招聘会上选的是与这方面专业有关联的岗位。招聘会让大家大开眼界，也提前感受到社会职场竞争的压力，对高三考大学和志愿选报非常有帮助。

学生感言

各位同学严阵以待，女生们穿上职业套装，化上精致淡妆；男生们换上帅气西装，打好领带。大家都带上制作已久的精美简历，雄姿英发、干练飒爽地开始了各自的应聘。而不同岗位上的家长也是牺牲了自己周末的时间来当我们的面试官，为同学们提供了多样岗位的选择，尽可能还原真实。于我而言，从这次招聘会中收获到了很多经验与知识，这些对我的职业生涯规划也有很大帮助。通过这次模拟招聘会，我加深了对更多职业的认识，更促使我对自己的职业生涯规划有了更深的思考。相信经过这次招聘会，同学们都有或多或少的收获，希望大家都能从这些收获中汲取经验与教训，在未来真正的招聘会上，把这次的经历运用起来，以更完美的姿态来迎接未来的考验。

——2022届高二（5）班　张艺莹

纵观整个模拟招聘会，除了让作为学生的我们体验了一把面试过程，穿一回光鲜亮丽的正装，感受一次被面试官"诘问"的经历，招聘会真正想要我们明白的可能也就是一个字——抓。有诗云：劝君莫惜金缕衣，劝君惜取少年时。花开堪折直须折，莫待无花空折枝。如诗中所说，我们要抓住的正是花开的少年时，放下肤浅的金缕衣裳。模拟招聘会上，我们要抓住组员说的每一个观点，抓住每一个思想碰撞的时刻，还要抓住当下，认识社会、了解社会的每一次活动，更要抓住未来生涯的那条路。

——2022届高二（5）班　祝俊杰

通过这次模拟招聘会，我对自己生涯规划更清晰、方向更明确了，也从简历制作和面试中学习到应聘中的学问。更重要的是，它让我明白了学校与社会的差异，知识理论与实践的不同，让我对大学的学习努力方向有了一个清晰的认识：不要纸上谈兵，理论知识只是门槛，实践操作才是硬功夫！同时也让我意识到：机会是靠自己争取来的，而不是等来的，不到最后一刻，千万不要放弃！因为后面还有机会等着你去争取。

——2022届高二（22）班　伍一鸣

两轮面试之后，最后就是等结果的时间了。这个过程有点煎熬。但当我收到了聘书之后，我觉得自己的一切努力都是值得的，虽然全身都很疲劳，但心里是快乐的。在等待面试结果的时间，我在体育馆里其他单位转了转，看到了很多认识的同学，他们有的愁眉苦脸，有的兴高采烈。在这里我仿佛看到了多年后真正要找工作的自己，或许会紧张得满头大汗，会忙得筋疲力尽，会因落选而沮丧，会因录用而高兴，但这是我们人生中迟早要经历的，我们要学会去面对。

——2022届高二（22）班　林德全

家长面试官感言

今天，学生们朝气蓬勃，积极向上，让我感受到年轻人扑面而来的青春活力。非常感谢学校组织这次招聘会，太有意义了，让我感受到现代教育的新亮点。学生们整体表现都很优秀，语言表达清晰流畅，但是部分学生对自己应聘的职位的职能不是很了解。建议学生们在应聘岗位前，做好充分了解。希望通过本次招聘会提供的岗位和职业规划建议，可以让学生们坚定自己的梦想，考上理想的大学和专业。建议先选好的专业，再选好的学校。对于有明确兴趣爱好的学生就建议根据自己的爱好，深入学习，未来可以换公司不换行业；没有明确兴趣爱好的学生就多去尝试。

——万丰国际物流运输有限公司面试官

仔细想想，能参加到这种比较有系统的招聘会是这班师弟师妹们的幸运，同样是在南海中学走出去的我就没那么幸运了，正因为当初的我们都是专注在学习上，忽略了对自身职业道路的规划，等到就业的时候才发现，自己根本不知道去找什么工作，好像每个职业都可以去试一下，但又觉得每个职业都不适合，最终软件设计专业的我却进入了金融领域。因此在金融职场中只能花费比别人更多的努力才能向上突破。我非常赞同学校举办这样的模拟招聘会让学生感受职场的氛围，提前在面试中寻找自身的不足，这对今后职业道路的规划有很大帮助。在面试过程中发现很多同学表达思路很清晰，很善于表现自己的个性。

——南海农商银行面试官　廖宏轩（2011届南海中学毕业生）

今天各位同学都上演了一部穿越剧，遇到了未来的自己。你们对未来的自己还满意吗？找到理想的工作了吗？简历代表的是我们对未来自己的期许，也许是五年后，也许是七八年后的。不管怎样，我想大家最大的收获就是对自己未来有规划了，也许并不一定很清晰，但重要的是你开始认真思考自己的未来了，这就是我们这次活动主要的目的和意义！我们可以把这次模拟招聘会看成是我们对未来就业的一次"实战演习"，大家都收获满满。首先，让我们认识到了就业形势的严峻，所以从现在开始就要打好基础，确定未来发展方向；其次，让我们认识到自身的差距和不足，补齐短板，让"知识之桶"盛满更多的水；第三，激发了我们的创新活力，招聘会上，很多同学在简历、谈吐、思维方面都有与众不同的精细，让我印象深刻。

——佛山科学技术学院面试官　王晓娟教授

南海中学以"培养新时代的绿色人才"作为学校的育人目标，即培养既能关注自身可持续发展又能推动世界可持续发展的新时代人才。结合《中国学生发展核心素养》，南海中学基于育人目标的两个方面，分别提炼出南中学子应当具备的六大核心素养：独立人格、人文情怀、科学素养、共生意识、担当精神、领袖气质。针对南中学子发展核心素养，学校还进行了育人目标的重点要点提炼（具体见表3-1）。

表3-1　南中学子核心素养培养重点

培养方向	核心素养	培养重点
关注自身的可持续发展	独立人格	·张扬个性的意识与能力 ·自我规划的意识与能力 ·健康生活的意识与能力
	人文情怀	·积淀人文素养 ·丰富情感内涵

（续表）

培养方向	核心素养	培养重点
关注自身的可持续发展	科学素养	·追求真理的辩证精神 ·理性严谨的思维方式 ·勇于探究的钻研能力
推动世界的可持续发展	共生意识	·尊重多元文化 ·维护自然生态
	担当精神	·树立责任意识 ·弘扬公益精神
	领袖气质	·培养组织能力 ·培养决策能力 ·培养沟通能力

（二）课程体系

在培养目标之下，学校梳理近几年开展的校本课程，对绿色课程体系进行了完善。以南中学子应具备的六大核心素养（独立人格、人文情怀、科学素养、共生意识、担当精神、领袖气质）为分类依据，构建了六大课程群，每个课程群由课程价值相近的若干学科课程、校本课程以及社团活动组成。

绿色课程体系

（三）课程开发

依据《国家基础教育课程改革指导纲要》，从学校办学理念、培养目标和办学特色出发，南海中学本着有效利用现有教育资源和开发新教育资源的原则，依靠本校教师、专家、领导与家长共同开发、完善绿色课程体系。

1. 深入开发绿色校本课程

近年来南海中学成功开发了一系列绿色教育校本课程，特别是在培养学生"独立人格"方面，构建了"绿色·生命""绿色·生涯""美术绘画""校园定向"等多门校本课程，而在培养学生推动世界可持续发展能力方面，还需进一步充实和拓展。学校拟在两年内完善整个绿色课程体系，在人文和科技类课程方面，将"绿色·生命""绿色·生涯""广东历史文化""南中文摘""信息学奥赛培训""物化生实验课程"等作为培养学生自身可持续发展能力的重点课程；同时在环保类和领导力课程方面，拓展"图说南中生物""地球大视野""公民教育""领导力课程"等作为培养学生推动世界可持续发展能力的重点课程。

2. 着重打造精品社团

为发展学生个性，促进学生可持续发展，南海中学组建了36个社团，通过开展丰富多彩的社团活动，为每个学生的成长搭建广阔的平台。在育人目标之下，学校将36个社团根据六大核心素养进行了分类整合，更加明确了各个社团的育人方向。而在每类社团之下，学校也将着重打造1~2个精品社团；并将社团活动与学科挂钩，编写相关教材，挖掘课程资源。利用学生社团这块阵地，促进学生由单一型向复合型人才发展，弥补课堂教育不足，促使学生的知识结构往纵深发展。

二、绿色课堂

绿色课堂简言之，即高效自主课堂。我担任主持人的课题组曾经耗时四年完成绿色课堂研究，通过开展高效自主的 IDEAS 教学模式更好地引导学生学习，激发学生的学习热情，最终达到学生学习进步、全面发展的目标；通过集体备课实现教师共同成长、共同进步、合作共赢的良好教风；通过良好的课堂互动，促进师生教学相长、情感融洽。以下为我课题组关于绿色课堂的研究成果与具体实践。

（一）绿色课堂特征

绿色课堂是"相信学生、解放学生、引导学生、发展学生"的人性化课堂。它着重强调以下内容：

（1）从"单向传授"向"多边互动"转变，重构绿色的"对话课堂"。强调学生的独立思考（与自己对话）、师生交流（与老师对话）、群体讨论（与同学对话）；

形成平等互助、快乐积极的课堂氛围。

（2）从"灌输教学"向"思维教学"转变，培养绿色的"科学精神"。摒弃机械式的学习，注意从知识传授引向思维启发，强调学生联系思维、逆向思维、多角度思维、比较思维、因果逻辑思维等的发展，为学生终生学习、可持续发展打下基础。

（3）从"文本教学"向"人本教学"转变，营造绿色的"人文文化"。课堂是教书育人的地方，"绿色课堂"强调引导学生形成正确的人生观、生命观和价值观，在人与自然、人与社会、人与自我的思考中形成既具科学理性又有明朗大气、人文关怀的生命气质，最终成为一个大写的"人"。

因此，南海中学的绿色课堂是"一切以学生为中心，以高效自主为根本，一切为了学生的发展"的课堂，是"还学生绿色希望，还教学绿色生机，还学校绿色生态"的课堂，是师生相互尊重、关系融洽、平等互助的课堂。

（二）绿色课堂模式

南海中学绿色课堂是在基于我校推行的小班化和IDEAS教学模式上的生态课堂。IDEAS教学模式是南海中学立足于地方特色，结合生情、师情、校情，并在专家指导的基础上打造高效课堂的一种有效方式。它是一种从原来他主学习向自主学习的转变，是一种老师主导向师生合作、生生合作的转变，是一种知识灌输向知识理解、内化、运用的转变的有效课堂模式。其操作流程图如下所示：

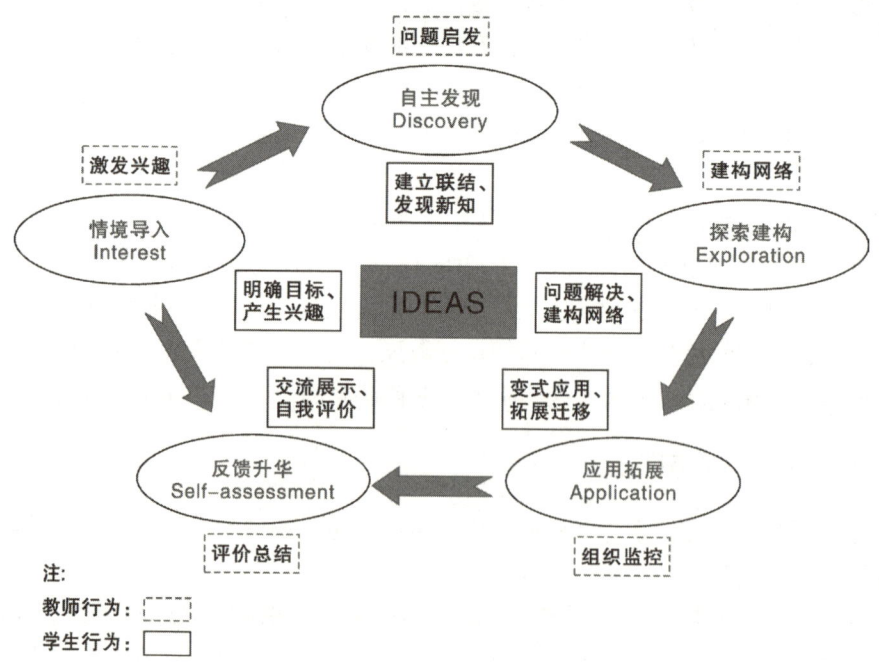

IDEAS高效课堂教学模式操作流程图

（三）绿色课堂评价

该模式主张基于学生的发展，老师们在课堂上采用各种导入形式调动学生脑海中已有的知识与想法，引导并激发学生积极参与教学过程的主动意识，通过运用知识解决问题，师生共同创造灵动的生 – 本、生 – 生、师 – 生的思维和想法的碰撞与冲击，并注重学生思维的开拓与延伸，最后通过学生自我反思，达成课堂三维目标的实现。

譬如，数学研究子课题组研究所达成的成果可以归结为四个方面，即研究南海中学数学课各种课型的特点，总结优缺点，听取、收集、梳理有效的课堂评价，形成较有引领性的课堂评价表。

作为子课题重点研究的方向，我们结合各地、各校已有的课堂评价表格，努力分析其所包含的教学理念，探究这些课堂评价表所展现出来的课堂教学有效性的侧重点，引领我们把握课题研究的方向，明确自己的研究目标。我们在对于已有课堂评价的基础之上，又努力学习新的教育教学理念，探究新课程下课堂有效性的具体体现。我们总结出一套针对高中数学课堂教学各种课型的评价体系，并积极运用到实际的教学工作中，通过课堂实践的检验，不断予以修正，初步得出了一套较好的能够反映目前课堂教学要求的评价表，对于课堂教学给予了一定的帮助。

南海中学数学学科绿色课堂教学评价表

日期：_____ 授课教师：_____ 评课人：_____ 得分：_____

评价指标		评价标准	分值	得分
教师导学情况（50分）	教学目标	1. 知识、能力、情感等目标设计合理、符合学生起点水平，有利于本节课堂学生的积极投入和有效开展；	5	
		2. 符合学科课程标准要求，学习目标表述简明、准确、具体，可落实性强。	5	
	教学设计	1. 以 IDEAS 高效课堂教学模式进行教学设计，重点、难点突出，教学环节设计合理，围绕"以学为主、快乐教学"；	5	
		2. "主问题"设计贯穿课堂，问题的设计连贯、讲究层次，符合学情，不随意、不碎问，较好地引领课堂；	5	
		3. "主问题"设计的例题典型，有层次，较好地引领学生生成知识、应用知识。	5	
	教学过程	1. 教学过程清晰、完整、流畅，组织有序；注重情境创设，富有实效，能恰当激发学生学习兴趣；	5	

（续表）

评价指标		评价标准	分值	得分
教师导学情况（50分）	教学过程	2.教学过程有要求，有规范。目标明确、任务清楚、及时矫正纠错、提炼总结，体现智慧型指导；	5	
		3.课堂环节紧凑，时间调控合理，完成导学任务；	5	
		4.教学过程面向全体学生，关注个性、层次差异，注意互动，评价及时、恰当，激励性、指导性强；	5	
		5.板书设计合理，语言专业、精练，教师走近学生。	5	
		教师合计：_____分		
学生学习情况（50分）	自学	1.学生自主学习、训练，思考专注度高，精神状态好，注意力集中；	5	
		2.先自主后讨论，不自主不讨论，不思考不讨论，不训练不讨论。	10	
	互学	1.学生合作有效度，探究有深度，课堂立体互动；	5	
		2.学生能够积极质疑、补充，发表自我观点，生生互动、师生互动好，课堂激情而高效。	10	
	展学	1.学生随堂练习训练有素、书写规范、有条理；	10	
		2.学生展示、点评认真规范，训练有素，语言规范、自信、大方得体。	10	
		学生合计：_____分		
总体评价及其建议：				

1.课堂评价的指导思想

IDEAS高效课堂教学模式包括I—Interest（情境导入，激发学生的兴趣，使学生明确目标）、D—Discovery（启发学生自主探究，建立联结，发现新知或规律）、E—Exploration（积极探索，深入发掘，师生共同解决问题并建构知识网络）、A—Application（变式应用、拓展迁移）、S—Self-assessment（自评反思、交流展示、反馈升华）五大环节，充分体现了"自主、探究、合作"的新课标理念，实现了

"情境""协作""会话""意义建构"的有机结合,从而达到"科学(高效)、人文、和谐、阳光、可持续发展"的生态课堂。

2. 课堂评价研究引领课堂转型的方向

课堂的背后正是世界教育理论的变化,即由过于强调基于信息的复制与加工的认知教学理论向基于社会交互作用的建构主义教学理论的融合与转变。我校课堂转型的方向,正是按照国家课堂改革的方向,由"教"为中心转向"学"为中心的变革,这也正是"学本式"课堂命名的由来。通过对高中数学课堂教学有效性评价的研究,改变了现阶段的课堂教学模式,提出了"问题引领,以学定教"的教学模式。

3. "主问题"设计解读

"主问题"设计,即是引领课堂推进的各个环节问题突破的设计,包括教师问题的设计、典型例题的选取、变式教学的恰当应用等,因为这些都是涉及知识传播、问题解决的课堂教学的主要框架,在此称之为"主问题"设计。

(1)教师问题的设计。教师的设问应该有针对性、层次性、牵引性。避免随意的连问、简单的追问、习惯性的碎问等。

(2)典型例题的选取。典型例题的选取是课堂问题解决的另一种展现方式,教师例题的选取直接反映出教师对学生层次的了解,对知识生成的来龙去脉的熟练程度,能够较好地反映教师教学水平的高低,同时也是学生课堂是否理解、高效的重要保障。

(3)变式教学的应用。变式教学、课堂延展的应用是问题解决与否的另一种展现方式,教师设计的变式题是检验学生知识掌握程度、知识牵引能力高低的一个重要的手段。

4. 学生学习方式:自学、互学、展学

自学、互学、展学是围绕问题进行的,问题的质量决定了学习的深度和效果。

(1)自学。我们追求的课堂是"以学为主"的学本课堂。

教与学是相辅相成的。教最终是为了学生能学,因此教师的课堂设计、课堂安排、问题的设计能否引导学生发挥自主能力、钻研问题应该成为课堂评价的一个标准。

学生自学能力的强弱也是教师整体教学水平的一个反映,教师要有较好的规范、引导和训练,是教师常态教学的一个缩影。

(2)互学。互学是有效课堂开展的一个重要手段。

互学是教学过程能否顺利开展和教学效果是否显著的一个重要流程,这需要教师对学生水平、学情情况较为了解,从而"主问题"的设计有较高的水平,才能促使学生的互学能够顺利地展开,对问题有较深层次的探究,避免为"热闹而合作"的情况出现,从而达到高效课堂、"生本课堂"的最终目的。

（3）展学。展学是高效课堂和学生学科素养的一个重要体现。

我国的数学课程标准明确提出"人人学有用的数学""提升学生的数学素养"……数学的学习不只是知识的传播、学习，我们还应培养学生的学科素养，因此展学是一个重要的培养手段。学生的书写整洁规范，语言表达的自信、准确，观点阐述的条理、逻辑性，数据分析、运算规范等能力均是数学学科素养的一个重要表现，也是课堂高效与否的一个直接表现，因此关注课堂学生的展学情况是衡量一节优秀课堂的重要标准。

（四）绿色课堂实效

1. 通过高中数学课堂教学有效性评价的研究，促进了教师教学水平和教学理念的转变，进一步提高了教师的教学研究能力

（1）教师的教学设计思路、教学行为方式发生了变化。

在课堂教学中，我们注重让学生从自己设计问题入手，引发学生去思、去疑、去设计、去探索，同时以教学素材为载体，通过对问题的探索，得出结论的猜想，然后让学生通过逻辑论证，证明猜想的正确性，进而得到结论及性质；最后让学生运用所得性质去解决问题，在解决问题的过程中，有目的地把学生的思维引导到用结论及性质解决问题上来，在这过程中，通过师生合作讨论研究，充分让学生表述自己的观点，共同分析解答，找到解决问题的方法，从而实现自学、互学、展学。并通过问题的变式延伸，适当地引导，让学生通过化归，紧紧抓住数学思想方法这条主线将建构知识、能力、情感系统化；并有目的地指导学生学法，创设使每个学生都能发挥创新潜能的平台，开放式的课堂兼之分层评价的激励，能够及时反馈与调节本节课教学效果与学生的掌握情况。

（2）"主问题设计，以学定教"数学教学模式，引领学生形成良好的学习习惯。

"主问题设计，以学定教"数学教学模式，例如：教学目标设计、课前预习、课堂提问主问题设计、问题探索、作业布置、单元考评分层、课外辅导等；我们研究认为，分层次教学的核心是改革对学生数学学习评价方式。

（3）教师的教育教学、教科研能力、专业素质明显提高。

在课题研究过程中，无论从理论上还是从实践操作上都需要教师以新课改的理念、新课改的目标、新课改的手段方法进行；这无形中给教师注入了动力，他们不断学习新理念、新教法、新学法，丰富充实"以学定教"数学教学模式的内涵；不断地实践，不断发现新问题，不断思考、总结经验教训，不断调整实施方案和计划，在研究的过程中教师的能力得到了提高。参加课题研究的教师近年的教学成绩都得到了不同程度的提升，多位教师论文获奖。

2. 在高中数学课堂教学有效性评价的过程中，学生在学习方面的习惯得到改进，学习方法得到改善，也提高了学生的学习兴趣

（1）学生具有较强的持久的学习动力。由于新的教学理念成为教师的自觉行为，学生的主体地位得到尊重，使学生真正成为学习的主人。他们自主参与、在学习中品尝到成功的快乐，获得亲身体验，激发了探索和创新的强烈欲望，逐步培养起浓厚的学习兴趣；加之教师以导学案为载体，加强学习习惯培养、进行学法指导，逐渐使学生具有持久的学习动力。

（2）学生具有较有效的学习策略。有效的学习策略能激活和维持良好的注意、情绪和动机状态；能分析学习情景，提出有关的学习问题，能为自己制定学习计划；能监控学习的过程，维持和修正学习行为；能正确评价学习效果。通过课题研究，学生初步形成良好的学习习惯、思维习惯和科学的学习方法，促进学生良好学习策略的培养和形成。他们收集、处理信息的能力明显提高，提出问题、分析问题和解决问题的能力得到增强。

（3）学生具有较强的学习能力。课题研究中把三个主因变量融合在"以学定教"数学教学模式中，促使学生自主发展、自主探索、合作学习、自我内化；逐步使学生把"要我学"变为"我要学"，"我学会"成为"我会学"；学生的学习能力明显提高。

通过实践研究，教师逐步自觉把学习习惯、思维习惯与学习方法，学习动机与学习兴趣，意志品质这三个"教师可控制变量"融合在"以学定教"的数学课堂教学模式中，使学生数学学习兴趣和学习成绩得到初步提高。从某种程度说，教师在研究过程中加强了理论学习，转变了教育教学理念，改进了教学方法，增强了实施新课改的信心和能力，提升了专业素质；同时转变了学生学习方式，带动数学教育教学质量的提高。

三、绿色德育

（一）绿色德育网络

近年来，南海中学开展了一系列的德育活动，德育制度逐渐健全完善，德育环境逐渐优化美化，学生素质节节上升。在确立了"绿色教育"的教育品牌后，学校在德育工作方面融入绿色生态发展理念，构建德育的生态式发展之路。因此，南海中学基于绿色教育的育人理念，综合学生心理特点、传统节日、自然环境等因素设置德育活动，使活动形式多样化，参与群体多样化，将德育教育渗透到学生日常生活的每一天、每一个举动中，使德育工作具有更深层的价值引导作用，从而促进学生品德的内化。同时，南海中学将教师队伍建设、学生管理工作和家校合作融入学校的德育工作中，构建完善的多群体参与的德育网络体系，使德育工作与教育的其他方面互动共生，实现联动发展。

首先，南海中学认为建设一支善于思考、强化落实、勤于反思的德育队伍是推动绿色德育工作发展的关键。因此,学校拟采取一系列措施培养班主任,建设一支绿色德育队伍。其次,学校还优化了学生管理工作,推行"导师制"和学生自主管理,把德育工作贯穿到方方面面。再次,家校合作也被学校作为德育的一个方面,主要表现为建立和完善家长委员会,完善家长学校的课程,多渠道加强与家长的沟通,形成家校合力。

(二)绿色德育活动

学校除了致力于为学生构建完善的绿色德育网络,也根据绿色教育的育人目标,梳理现有德育活动,沿用精品节目,增加优质项目,构建系统的绿色德育活动。希望通过德育工作加强学生的自我发展和可持续发展。

南海中学根据绿色教育的育人目标,结合现有的德育活动,将学校的德育活动按育人目标中的六大核心素养分为六大板块,在每个板块下设置相对应的活动。具体分类如表3-2所示:

表3-2 六大板块的活动

核心素养	月主题	口号	活动
独立人格	个性月	Be yourself!	·社团文化节 ·心理健康周 ·球类比赛 ·体育运动会
人文情怀	人文月	Filling/shaping the soul	·文化讲堂 ·悦读嘉年华 ·南海历史文化考察暨徒步拉练活动
科学素养	科创月	Hi-tech	·生物实验技能大赛 ·趣味化学知识竞赛 ·Flash动画制作比赛 ·机器人表演 ·化学魔术表演
共生意识	环保月	Give Earth a chance	·节能大赛 ·废品回收 ·环保设计与制作大赛
担当精神	担当月	Love universe	·爱心集市 ·阳山行 ·"大手牵小手" ·阳光家教
领袖气质	领袖月	The leadership	·模拟联合国 ·学生会主席竞选 ·"十佳学生"评比 ·辩论赛

1. 个性月

这一板块主要目的是关注学生的身心健康和个性发展。学校基于此目标计划组织开展社团文化节、心理健康周、定向越野赛和体育运动会。社团文化节是由社团联合会和各大社团承办，分为主会场节目表演和各社团静态展示两部分。体育、艺术类的社团在主会场设置的舞台进行表演，展示自己的风采；其他类的社团通过静态展示的形式参与。社团文化节为学生们提供一个展示他们特长的机会和平台，这对于参加社团的学生是一种展示自我、增强自信的方式，而对于没有参加社团的学生而言，欣赏表演和展品也是发掘和培养学生们兴趣爱好的一个契机。心理健康周旨在普及心理健康知识，帮助学生解决心理困惑，关注学生心理健康，提高心理素质，促进身心健康发展。在这一周内，各班以心理健康知识为主题出黑板报，学校统一进行评比；本周班会也是围绕心理健康这一主题展开；同时一些心理小测试和小游戏也会以班级为单位展开。定向越野赛和体育运动会以丰富学生校园生活、关注学生身体素质为主要目标，拟定于个性月开展。

2. 人文月

这一主题月主要是帮助学生积淀人文知识，陶冶情操，涵养心性；设有文化讲堂、悦读嘉年华和"南海历史文化考察暨徒步拉练活动"三个活动。文化讲堂主要是邀请文化名人、社会名流、知名企业家等进入校园以及利用学校名师资源，为学生开展丰富多彩的讲座，让学生了解更多的资讯，分享更多人的成功故事，让学生在不知不觉当中提升人文素养。悦读嘉年华以激发学生阅读兴趣、提升学生文化素养为目标，开展教师导读、名师讲堂、"好书共享"跳蚤书市、随笔征文等活动，促进学生广泛阅读，积淀丰富的人文知识。"南海历史文化考察暨徒步拉练活动"是南海中学的特色德育活动，旨在引导学生在徒步中感受南海自然风光，考察历史文化，锻炼意志和体魄，在用脚步丈量家乡土地的同时也用心灵沉淀家国情怀。

3. 科创月

科创月主要是训练学生理性的科学思维，培养学生质疑批判和不懈探索的精神。基于此，为了丰富学生的课余生活和培养学生的实践能力和创新精神，学校举办科技节，在全校范围内开展生物实验技能大赛、环保设计与制作大赛、趣味化学知识竞赛、Flash动画制作比赛和机器人表演、化学魔术表演等活动，让学生们感受科学的乐趣，收获科学的思维和精神。

4. 环保月

这一主题以激发和培养学生与自然、社会和谐共处的意识和能力为目标，计划开展环保节，鼓励师生们在生活的点点滴滴中关注节能，关注环保。例如，学校可以开展节能大赛，倡导师生节水节电，评比出最环保的班级、寝室等，培养师生节能环保的意识和习惯。也可以定期进行废物回收，鼓励学生们把家里的或班级、寝室里的废品分类回收，然后出售给废品回收公司，所得收益可用于慈善捐献。学校希望通过举办这些活动，宣传资源循环利用和节约资源的环保意识，引起全校同学对环境保护事业的关注，同时可进一步在学校内影响并带动更多的人加入到环保事业与奉献爱心的绿色接力中。

5. 担当月

这一主题主要培养学生的社会责任感，希望他们能主动承担责任，为环保事业以及社会进步贡献一份力量。基于这一目标，学校计划开展公益节，主要包括爱心义卖集市、阳山扶贫爱心行、"大手牵小手"和阳光家教四个活动，鼓励学生主动参与到公益事业中，培养他们的社会责任感。爱心义卖集市是以义卖活动的形式倡导"关爱与分享"精神，用义卖所得的款项去帮助有需要的人。阳山扶贫爱心行是南海中学组织的阳山扶贫助学社会实践活动，通过家访、联谊让学生们能体验生活、了解社会和传递爱心。学校拟开展"大手牵小手"关爱孤儿活动，号召学生通过募捐、慰问、学习帮扶等方式关心帮助孤儿。阳光家教是学校计划开展的社会公益活动，学校号召学生在学习上为贫困家庭和外来务工人员子弟提供帮助。

3月是学雷锋活动月。以2021年3月10日的南海中学爱心义卖活动为例。各班级在团学干部的带领下，前期工作准备充分，设计了富有特色的宣传海报和店面广告，合理安排了物品布置和工作人员的调度。小伙伴们全员出动，变身成为义卖"小贩"，摊位设在田径场，几十个摊位蔚为壮观。各班的海报令人眼花缭乱，忍俊不禁，调皮又温馨。琳琅满目的精美商品吸引了一批又一批的师生驻足询价购买。主要商品有书籍、书画作品、文具、玩偶等，尤以书籍和文具居多，反映出师生们的核心需求，更表现了学生们对于需求的精准把握。特色店铺有拍摄校园写

2021年3月10日南海中学爱心义卖集市现场一隅

真、原创诗歌、现场点歌献唱等,推陈出新、灵活多样的形式将义卖活动的气氛推至高潮,可谓"买得开心、捐得乐意"。

6. 领袖月

这一主题主要以培养学生组织协调能力为目标,开展一系列培养学生领袖气质和领袖才能的活动,如模拟联合国、学生会主席竞选和评选"十佳学生"。学生会主席和"十佳学生"的评选不仅仅可以锻炼他们的演讲能力,同时也能培养他们作为领导者组织协调的意识。模拟联合国不仅仅能开阔学生的视野,激发学习潜能,更重要的是能锻炼学生的组织、协调等才能,培养他们的领袖气质。

竞选的环节采取现场直播的方式。竞选结束后,学校及时在和雅电视台、微信公众号等校内媒体对当选的学生进行宣传报道。

四、绿色环境

校园环境文化凸显绿色特点。学校环境是学生成长的精神家园,是教师发展的第二故乡,是学校文化的重要组成部分。绿色校园作为践行绿色教育理念的起点,通过校园文化建设项目,构筑体现南海中学特色和学校发展历史的人文内涵景观,打造"自然·人文·科技"三位一体的校园文化,即通过打造参差多态、和谐统一的"自然校园",充满人文关怀、以人为本的"人文校园",节能节约、智慧高效的"科技校园",建设美丽南中,提升学校形象,力求让南海中学师生拥有一个更精致、更优美、更现代的校园环境,实现"润物无声,春风化雨"的环境育人功能。

(一)自然校园:参差多态,和谐统一

绿色教育倡导一种生态化的校园。当下学校环境建设,最大的问题是人与环境的分割。南海中学的"自然校园"板块重视局部和整体的协调一致,强调人与自然的共生意识,期待人与环境的和谐交融。

1. 校园植物:天然去雕饰

(1)由"人工景观环境为主,兼部分自然环境"向"更多本地、自然生物繁茂生长的场所"转变。减少人造环境,增加自然环境,绿化布局,种类合理,参差多态,自然和谐,一年四季,皆有特色。让校园绿化、香化、果化、美化、净化,最大限度地扩大学生与环境的互动可能性,增加人们对南中的绿色体验。

(2)进行校园内主要植物的挂牌、命名、释文补充、维护工作。

(3)增进校园植物的环保意识,加强校园植物的管理工作。比如每砍一棵树,每进行一项环境改造项目,都应该有严格而慎重的行政审批。

2. 南中生物园：环境即课程

南海中学把生物园作为学生的课程资源和第二课堂，充分利用生物园开展植物的栽培、种植、遗传杂交、生态观察、环境教育、生命教育等课程，培养学生的生命观念、科学探究精神和责任意识，提高学生的生物科学素养及环境保护的意识和能力。

植物园统一翻新规整，划分片区，按照课程需要，在不同片区种植相应的树木、蔬菜、鲜花、农作物等绿植。通过班级认领植物片区、自主管理、植物挂牌、学生和绿植一对一责任制的方式落实植物管理工作。

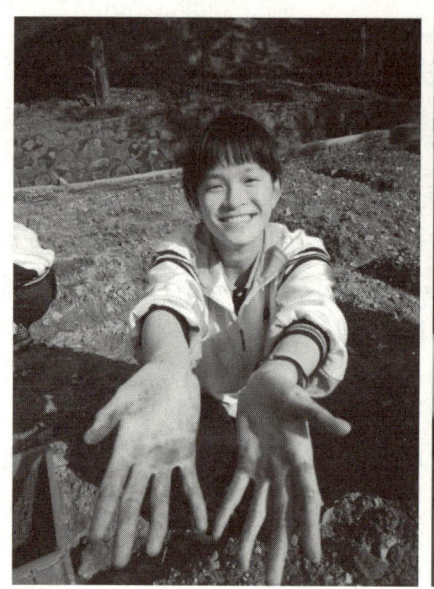 

学生在学校生物园种植玉米

（二）人文校园：以人为本，人文关怀

南海中学的校园是具有绿色人文内涵的人本校园，是充满人文关怀的人性空间，是充满生命关怀的人文时空。它承载师生的欢乐，表现师生的精神，记录师生的成长历程。依托全国绿色学校优势、校园地势和典型校貌，合理利用校道、连廊、挡土墙、建筑物、课室、办公室等环境，打造具有南海中学独有的校园文化特色。建设绿色班级、绿色宿舍、绿色食堂等，让来者过目不忘，让学生耳濡目染。在潜移默化之间浸润学生的心灵，涵养学生的精神气质。

1. 课室：一班一特色

（1）打造班级特色和个性化的班级环境，设立书柜，收纳学生和班级物品，使班级环境整齐有序。

（2）设立班级绿植，学生轮流照护。其目的，一是美化课室环境，二是增添人文气息，三是培养学生的爱护植物的行为意识。

（3）通过"班徽班级口号设计大赛"等活动，增进班级凝聚力，改善美化班级环境。

2. 办公室：一室一幸福

（1）老师办公室氛围定期评比。老师定期轮岗，布置和监管办公室环境，发挥老师的主观能动性和创造力。

（2）增置收纳柜，增加收纳空间，让办公室空间整洁；增置保温壶、茶具茶叶、咖啡、绿植等器材设备；给办公室增添书架和可供大家阅读的书籍。

3. 学生宿舍：一舍一家园

（1）翻新或清洗学生宿舍外墙。

（2）宿舍区内部定期清理、维修，比如更换锈迹斑斑的水龙头，每周清理楼梯间的凌乱杂物。

（3）学生轮岗自主管理维护宿舍环境。其理念为：简洁·整齐·干净。

（4）以"家文化"理念打造宿舍文化。比如，通过"我的好室友"主题征文活动评比"南海中学最佳室友"，以宿舍全体成员作为考核单元，综合考量宿舍学生学习、生活的平均成绩，评选出"南海中学十佳自律寝室""南海中学十佳学习寝室""南海中学十佳文明寝室"等。通过"家文化"的宿舍文化打造，加深舍友之间的情感友谊和学校认同感，推动学风建设。

4. 洗手间：一厕一世界

洗手间是校园文化设计中最容易被忽略的空间，也是校园中最容易显现不文明的地方。学校以绿色教育理念打造南海中学的厕所文化，于细节之处见证学校润物细无声的用心。

（1）按照绿色、自然的风格对需要修缮的厕所进行统一改造、装饰，分楼层、分区域对厕所进行改建和装饰。

"绿色地球"洗手间设计思路：以生态地球为主题进行展示，营造一种从海洋到陆地的生态氛围，置身其中，仿佛走进了神奇的海底世界。

"绿色环境"洗手间设计思路：以世界环境日为展示主体，侧墙以块面造型墙作为载体，介绍世界环境日。点缀仿真绿植，结合木材质感的砖墙，烘托生态环境的氛围。

"绿色资源"洗手间设计思路：以水资源为展示主体，用简洁的画风阐述了水循环的生态概念。

"绿色生活"洗手间设计思路：以水培生态植物为展示主体，与科技生活相互结合。吊顶和内侧墙采用灯光与展示框交替，体现科技感。

（2）在门口地面、洗手池旁的地面上添加"小心地滑"温馨提示，在墙面上增加文明标语。

（3）配备洗手液、干手机、纸巾、消毒液、置物台、清洁工具等。

（4）每天进行清洗、消毒、通风。

（5）定期维修，更换门锁，增加室内挂钩；进行窗户改造，或者配备更节能明亮的LED顶灯，使洗手间内光线更明亮。

（6）定期按照《佛山市南海区学校卫生监督量化分级评分表》进行洗手间环境的监督检查。

5. 廊道文化：一廊一天地

（1）连廊按照南海中学的育人目标所包含的六大素养——独立人格、人文情怀、科学素养、共生意识、担当精神、领袖气质划分区域，用学生社团成果照片展示的方式宣扬学校的办学成绩，激发学生对社团活动的参与积极性。

（2）室内走廊。在人流量大、光线明亮的地方对走廊进行以"守望生命的绿水青山"为主题的环境美化工程。比如，对主教学楼一楼走廊进行墙纸装饰。

建设"绿植走廊"。放置各式类型的植物，窗台摆放绿色吊兰，以班级就近原则进行责任制分配维护，自主管理绿植，让学生在课间休息的时候，能够学到植物的分类等知识。

（3）综合楼。在一楼架空层设置理念墙，把学校的办学理念和学校培养人才的六大核心素养放在上面，让到校的人都能看到，让学校文化深入人心。

6. 阶梯文化：一阶一进步

（1）台阶用先贤名言、书法、高中人文知识等做装饰，避免空旷，增加人文气息。

阶梯呈现的绿色教育

（2）楼梯。分区域、分楼层，在楼梯间张贴名人名言标语、师生的书法、摄影、美术等作品。目的在于展示学校的办学理念和师生风采。

在教学楼每一层的楼梯角设置读书柜，开辟绿色阅读路径，对图书编号，制定全校统一节约细则，由学生自主管理，给师生营造良好读书氛围。

7. 墙面文化：一墙一风景

（1）篮球场围墙。篮球场标语围墙更改为学生的大型艺术涂鸦墙，彰显学生的运动活力与青春激情。

（2）挡土墙。把挡土墙变为生动、活泼的手绘墙、涂鸦墙、艺术墙。若手绘不便，则可用绿植或爬山虎等进行自然装饰。或利用D3挡土墙以及C座宿舍挡土墙等地方，布置以学校德育活动、优秀学生表彰、好人好事宣扬为主题的德育专栏。

8.特色命名

建筑物征名过程是联系校友、师生、家长的重要渠道，是提升学校社会影响力、研究校史、发掘校园文化的契机。为此，南海中学进行了公开的征名活动。征名包括二十四座楼（包括十二座宿舍楼、七座教学楼、两座教辅楼、一座新饭堂和一个学生活动中心）、九袭长阶、五条校道、两方池塘、一座连廊的命名，经过筛选采用名字如下。

（1）建筑物命名。

教学楼：致远楼。出自校训。所谓"任重而致远"，教学楼是学校的核心场所，是教师和学生大步向前、迈向远方的知识殿堂，"致远"二字蕴含着对南海中学每一位老师和学生向前不断发展的深深期待。同时，也呼应致远亭和致远园。

科学楼：致真楼。科学求真。唯有踏踏实实，一丝不苟，求真求实，以致真之心培育科学精神，穷究万物，方成一代英才。

教师宿舍：仰止居。出自《诗经·小雅·车辖》："高山仰止，景行行止。""高山"指高尚品德，"景仰"一词也由此产生。全句意为品德崇高的人，才能受人敬仰。

男生宿舍：望岳居。岳，指高大的山。望岳，意为胸怀天下，心向远方。男生如山，期望他们能像巍然挺立的大山一样坚韧，守望生命的绿水青山，坚守梦想，预见未来。

女生宿舍：若水居。语出《老子》："上善若水，水善利万物而不争。"上善若水指像水的品性一样，泽被万物而不争名利。女生如水，期望以其温柔敦厚的品性，为世界的可持续发展做出贡献。

学生公寓：鸿哲居。鸿哲是识见高超的人。出处见梁启超《小说与群治之关系》："大圣鸿哲数万言谆诲之而不足者，华士坊贾一二书败坏之而有馀。"

（2）道路命名。

主校道：粤光大道。出自校歌："猗欤南海百粤光，衣冠气独昌。"

东门入口校道：至善路。出于西汉·戴圣《礼记·大学》："大学之道，在明明德，在亲民，在止于至善。"

学生宿舍B区和六教之间校道：济美路。出自《左传·文公十八年》："世济其美，不陨其名。"所谓"济美"，指在前人的基础上传承美德，发扬光大。

9.其他空间

（1）图书馆。挂画，可以换成南中师生的照片，比如，南中名师的风采、往届优秀的南中学生参加竞赛的成果照、南中优秀学子和南中师生日常生活照片、学生课外实践照片（参观南海博物馆、敬老院献爱心）等，并配上释文。

在图书馆展示"南海博物馆文化寻根徒步研学活动"

（2）校医室。配备紫外线消毒灯。

（3）心理咨询室。应改建：扩大空间，用温馨舒适的装饰氛围吸引学生；定期消毒、清洗咨询室的物品，保持环境舒适、温馨、整洁。

（4）校史室。改建，记录百年以来南中人不断发展、传承、创新的轨迹，昭示南中人不断追梦的执着精神，增补绿色教育的理念和内容。

（5）道路和公共空间地面画线。除了白色和黄色以外，可采用有南中特色的海蓝色和姜黄色等颜色丰富学校道路指示标线，增补道路、楼宇、绿化等功能区的路标指示说明、环保标语牌和宣传警示牌。

（6）充分利用学校空地，制作学校精神告示牌及增设绿色教育相关的宣传牌，弘扬校园特色文化。在主校道旁设立办学理念石"守望生命的绿水青山"，并用墨绿油漆进行填充。建立"绿色校园建设成果宣传基地",设立大型文化宣传栏,宣扬学校办学成果。

(7)在广场以及校道两侧的树下增加石凳、木桩、防腐木长椅,增添亲切自然之感,为学生、老师、社区往来人员、校外来访人员等提供休闲之地。

(8)考虑到不断增多的校内车辆,增设若干个停车场,并在校内主要干道两侧建非机动车道。

(9)实验室。挂画:现有的挂画皆为古板、老套、破旧的科学家画像,不能激起学生的兴趣和理想,可以用现今的实验室设备、高科技的发明成果、著名的科学研究成果、当代知名科学家等画像,替换掉以前的画像。扩建实验室:增加更多的器材,配置空气质量检测、微生物检测仪器,给学生更多操作空间。

(三)科技校园:智慧高效,节能节约

节能、环保、高效是绿色的另一种释义。基础设施节能,智能集成系统高效,学校信息系统数字化、网络化,是南海中学打造绿色智慧校园的愿景。建设节约型学校,以提高资源利用效率为核心,以节能、节水、节材、节地、资源合理利用为重点,大力加强资源的循环利用。

1. 节水改造工程

(1)校园内的洗手间,需要逐步安装节水设备,增置自动水龙头。

(2)在学生宿舍和教师公寓浴室内,安装节水喷头,并将管道剩水回收加热再用,既可节水,又可节能。同时浴室内加装射频卡计费系统,学生洗澡按时收费,提高节水率。

(3)在地下建设南海中学的雨水拦截和净化系统。通过大小不一的天然石子,过滤掉其中的杂质,然后再通过水泵,将过滤后的雨水抽出储蓄,用于校园的洗涤、浇灌等。

(4)建设校园植物浇灌系统,利用二次用水,充分利用水资源,用于绿化浇灌。

2. 节电改造工程

(1)逐步将校园照明系统更换为节能灯,完成对各楼道的声控照明系统配置,逐步把校内灯换成 LED 节能灯。校园路灯改造为太阳能节能路灯。

(2)在校园屋顶新建太阳能发电设施,利用所安装的太阳能光伏发电设备(太阳能电池板),结合学校自身情况开展有特色的教育教学活动,发挥教学功能,培养学生利用新能源及可再生能源的意识,拉近师生和绿色新能源的距离。

3. 高效工作平台建设

(1)校园网络改造提升工程。校园内全面覆盖高速公共网络和无线 WiFi,为师生的工作、学习、生活提供便利。

（2）建设和改善南海中学的能源监管平台、地下三维管网信息系统等智能管理系统。比如通过能源监管平台对电表、水表、热计量仪表和压力温度传感器等设备进行检测，对学校的水电气热等能源消耗实时状况进行监管控制，并利用统计数据为校园节能建设提供参考依据。

（3）在学校正门（北门）和东门入口增设大型LED显示屏。一方面，用以宣传学校办学理念和办学成果，另一方面，每天更新"南海中学空气质量检测报告"。

4. 智慧校园建设

（1）共享数据中心平台建设。共享数据中心平台是智慧校园的根本，以大数据为基础，通过有效优化教育信息宣传的网络平台，提高学生对智慧校园的关注度，为教育信息的传播提供广泛途径，建设能够开展网络传播的教师队伍，从而使平台能够有效规范学校的数据信息，规范学校内部的各种教育流程以及管理流程，促使每一位教师都能够从中分享或者搜索到自己想要的教育资源，从而实现教育资源的共享性。

（2）学校管理支持平台建设。通过收集、整合、利用招生以及就业的政策数据、人才方面的政策数据、财政方面的数据、人才培养模式方面的数据和学科建设数据等，借助信息技术将多元化的业务放在一个网络当中，实现集成化的管理和控制，促使每一种管理系统获取相应的数据，并对这些数据进行分析和计算，从而更好地开展相应的服务工作，真正使校园实现智慧化的管理。

（3）师生生活服务平台建设。在智慧校园的建设过程中，和学生所连接的物联网主要的技术便是通过"卡"实现，而且大多数数据都是来源于这一方面。借助相应的平台和技术，可以将校园一卡通集成各类型卡片的功能，例如借书卡、餐卡、水卡、门禁卡、电卡以及手机卡等，从而促使学校内的教与学显得更加方便、快捷。

（4）网络资源的管理平台建设。通过网络资源的合理应用以及管理，师生之间可以更好地交流和教学，实现教学资源的分享以及储存。例如借助微课的教学手段，让学生能够随时随地进行学习，在自己时间充裕的时候观看这些实践操作视频，从而实现自我学习，借助网络实现教学资源的合理应用与管理，提高学校教学质量。

（5）统一消息服务平台建设。统一的消息提示是智慧校园的主要体现和关键功能，通过消息服务平台，可以使管理显得更加人性化、精准化和智能化。消息服务平台能够有效地提示相关人或部门重要的数据和信息，并且可以根据数据信息的重要程度将这些数据信息进行分级，同时采用多元化的提醒途径或方式进行数据推送。例如，对于及时性要求较高的提示信息，可以通过短信或者录音电话方式进行提醒，对于及时性要求不高的信息而言，可以借助微信、APP、邮件的方式提醒。

五、绿色管理

管理是一种文化的积累。南海中学的管理以"绿水青山总相宜"的管理理念为出发点,以"培养新时代的绿色人才"的育人目标为愿景,把为师生的最大发展创造宽松和谐的环境作为管理的最高境界,坚持制度管理和人本管理相结合,切实保障广大教职员工的知情权、参与权、监督权和评议权。争取工作、教学、管理、会议等环节高效运作,以较少的时间、精力获得较大受益。同时,以有效的引领和有价值的服务,促进师生自我约束、自我管理;完善对教师和学生的评价制度,让师生成为学校发展的主人和最大受益者,争取师生和学校的可持续发展。

(一)管理理念:绿水青山总相宜

"绿水青山总相宜",就是把制度管理和人本管理相结合的管理理念。其中,"青山"是指制度建设,"绿水"是指人文关怀。"绿水青山总相宜",即刚柔相济、方圆相顾的管理理念——在大原则和大局观上应该求同,在局部和细节上允许存在差异。这是当下学校管理的现实选择,也是南海中学在绿色教育思想之下学校管理追求的目标。

(二)青山为方:制度管理

制度是人们共同约定的行事准则,它是刚性的,必须共同遵守。制度是文化的保障,是质量的关键,是改革的方向。

南海中学采用"领导+管理"的文化管理原则,在纵向上"提升",重视学校整体的理想和愿景;在横向上"规范",重视合作的氛围和日常管理。南海中学紧紧围绕"规范"和"提升"来进行管理制度建设,在提升中规范,在规范中提升,以适应和匹配学校高速发展的步伐。

1. 领导提升:增强共同价值认同,提升学校发展水平

新一轮的课程改革必然引发学校管理的变更。从教育管理到教育领导的组织转型,就是其中的重要变化之一。教育领导需要更加注重愿景的作用,关注组织的战略性问题,通过不断描绘形象的、具有激励性的组织发展目标,启发和激励同事把愿景变为现实,并能够扎扎实实地对结果进行控制。

为增强共同价值认同,实现南海中学"绿色教育"理想愿景,提升学校发展水平,特制定南海中学"三步走"发展战略。

一是树立目标,建构价值体系,制定发展战略,确立领导思想。南海中学的发展愿景是以绿色管理和理念为核心,以绿色科研和课程为支点,以绿色校园、绿色德育、绿色课堂、绿色培训为突破口,打造绿色生态式校园,把绿色教育贯穿于学校各部门管理及各学科教学之中,并向家庭、社区、社会延伸;培养绿色人才和绿

色教师，以特色发展优势推动学校整体改革和提升。两年内把学校打造成本地区具有影响力的绿色教育特色学校，五年内让学校再上一个新的台阶，使学校的绿色教育特色享誉岭南乃至驰名全国。

二是统一思想，让价值体系的形成过程成为师生价值认同的过程。首先，通过对时代和区域需求的分析，对学校文化传统的梳理，在全校范围内深入调研，发动全体职工参与讨论，收集不同意见，最终在一定层面、一定范围内以自上而下、再自下而上的程序与方式推出《佛山市南海中学学校文化理念建设方案》《南海中学学校文化实施策略》等文件。其次，通过学校系列活动，把价值观与具体的教育教学行为联系起来，使之成为学校的执行力，使价值观深入每一位教师和学生心中，以此推动文化战略和未来发展目标的落实。

三是分解愿景，将理想分解为一个个的小目标以便分步实施。将总目标分解为校园文化建设目标、教师发展目标、学生发展目标、课程建设目标、教育科研目标等多个具体板块，每一板块分别在总目标和总价值观基础上制定各自的行为准则和具体实施步骤，明确各个发展板块的责任和义务，将具体职责落实到每一个人身上，让大家看得到目标，引领大家一步步地付出努力，并且始终坚持不懈。为此，学校要建立"南海中学绿色指标体系"，构建南海中学学术管理与行政管理、德育管理与教学管理、学生管理与老师管理等各个板块的管理评价细则，形成层次分明的二级指标体系。具体而言，就是要打造绿色人才指标，形成绿色课程指标，提炼绿色教育教学行为指标。通过建立健全绿色指标体系，形成行为准则和监督机制，将职责和权利细化到每一个人身上，让绿色指标引领学校制度，形成绿色管理文化。

2.制度规范：规范学校日常管理，运行高效管理机制

教育管理是指照章办事，维持日常运作，倾向于按照机构的规则实施已有的程序，注重的是组织中的具体活动。从现实意义来讲，只有通过踏踏实实的日常管理，才能实现学校的目标以及达成合作的工作氛围。南海中学建立高效运行的管理机制和制度规范，不断规范和健全学校部门工作常规管理准则，推行学校规章制度的"四化"：以完善为目标深化制度，以可操作性为要求细化制度，以抓出成效为出发点强化制度，以形成自觉为归结点内化制度。

在推行学校规章制度的"四化"同时，南中不拘一格，在管理形式上采取多元化的策略。积极采取正面灌输与思想疏导、一般教育与榜样示范、精神鼓励与物质激励、学校发展与个体发展相结合的方式，以增强学校管理工作的实际效果。

在学生管理方面，学校将《南海中学学生行为指引》修订为《信·美·进取——南海中学学生自我修炼读本》，从而使《南海中学学生行为指引》更加符合教育形势的发展和学生的实际需要；制定《南海中学节能减排制度》《南海中学文明用餐要求及奖惩措施》，进一步完善《南海中学自主管理》《南海中学宿舍文化

建设若干措施》《绿色德育下的手机管理条例》。

根据南海中学绿色学生培养目标，打造年级学生管理要求，形成不同年级学生不同的培养目标：高一级爱·养成，高二级责任·感恩，高三级拼搏·理想，使学生的培养呈现出阶段化与序列化；近年来已经整理编写绿色德育科研校本教材，分别是：高一级《爱的教育德育读本》《养成教育德育读本》，高二级《责任教育德育读本》《感恩教育德育读本》，高三级《理想教育德育读本》《心态调节德育读本》，从而使我校绿色德育理念进一步传递到学生身上。

规范对学生的常规管理工作，充分利用网络等现代管理模式建立学生德育电子档案，使学生在校管理工作细致化和规范化。

加强学生自主管理队伍的建设，优化学生自主管理队伍，加强对学生干部自主管理的培训，形成三个年级同时运作的自主管理模式。

为全面深入推进素质教育、深化教育教学改革、探索实验班的教学管理模式、培养更多的优秀学生，我校在部分年级部分班级逐步推行"导师制"。"导师制"是开展优质教育和管理、造就高层次人才的一种行之有效的制度。推行"导师制"，对改善优秀学生的精神面貌、学习成绩和身心状况，建立融洽的师生关系，挖掘学生的潜能，张扬学生个性，发挥学生特长，都具有十分重要的意义。

由班主任让全班同学像报高考志愿一样选择导师，可以有2~3个志愿，然后由班主任、科任老师协调分到哪个导师组，并注意保证每个小组要有1~2个尖子群的学生。如全班人数不是6的倍数，则多余的人按照以上原则搭配到小组中。导师对该组学生的学习、生活、生涯进行全方位指导，让学生真正成长为全面、阳光、可持续发展的绿色人才。

对于后勤管理，要落实制度规范。学校总务处应加强对后勤人员的思想教育和沟通，服务要落实到人，落实到具体工作，建立更为规范合理的后勤人员考核制度，打通相关问题的反映投诉建议渠道，适度拉开后勤人员的收入差距，对服务意识好、专业技能强、岗位责任重大的后勤人员给予奖励。

（三）绿水为圆：人本管理

制度和文化不可分割，制度管理和人本管理同行。所谓"绿水为圆"的人本管理思想，就是指南海中学的制度管理的核心是以人为本，要求学校管理工作做到"心中有数，眼中有人"。南海中学的人文关怀体现在师生的精神上、情感上以及个人发展上，对每一个师生予以生命与事业的双重关怀，以人本管理思想支撑制度建设，坚持以人为本的柔性管理，促进南中师生幸福指数不断提升。

1. 生命关怀

生命关怀力求使每一位教职工和学生对学校产生强烈的归属感，促进学校发展不断走向和谐。校长作为学校主要管理者，应以教师为本，尊重教师；教师作为学生的引导者，应以学生为本，尊重学生。南海中学给予师生一种持久、深入和温暖的生命关怀，教师冷暖，心之所系，学生忧乐，情之所牵。

学校服务部门主动热情地为全校职工服务，每年为教职工购买保险，为教职工安排体检，开展各类教职工文体活动，热情关心每一位教职工，加强学校与教职工的联系。淡化行政的作用，减少学校各部门的行政功能，增强服务功能。设立咨询、帮助、服务等人性化服务机构，为学生在职业指导、个人服务、心理健康、学生宿舍服务、政策咨询等方面提供绿色通道；融合社会和个人需要，注重个性自由发展，顾及学生的个体需要，有意识地增加个性化服务，满足不同个体的需要。

主动为退休教师提供各种便利与福利。尊老敬老是中华民族的传统美德，学校每年重阳节举办隆重的退休教师茶话会，学校派专车接退休教师莅临学校指导工作。

以下为2021年学校对退休教师的慰问信和茶话会照片。

致南海中学退休老领导、老教师的重阳节慰问信

尊敬的退休老领导、老教师们：

今日云景好，水绿秋山明。值此九九重阳佳节，南海中学党委携全体教职员工向大家致以崇高的敬意和节日的祝福！

老领导、老教师们是南海教育、南中教育的伟大功臣，为传承南海衣冠、赓续育人初心、培育国家栋梁，付出了无数心血，做出了卓越贡献。抚今追昔，南海中学114年创业史、超越史、辉煌史中，一代代南中教师发扬"敬业 仁爱 砺德 勤修"的教风，坚守三尺讲台，为祖国建设和民族复兴培养了一批又一批可持续发展人才。老领导、老教师们爱岗敬业、启智润心的育人故事激励今天的南中人自觉提高育人本领、主动提升教学水平，以忘我的情怀为党育人、为国育才！

桑榆作霞，红霞满天。老领导、老教师们虽然离开了工作岗位，但是对南海中学的关心与支持不曾减少分毫。老教师们关心学校改扩建工程，积极建言献策，是新学期新饭堂、新宿舍、新教学楼如期交付使用的磅礴助力；老教师们关心青年学子成长，亲临学校开展校史教育、爱国教育，是新生深刻体会南中命运与祖国命运荣辱交织的关键助力；老教师们关心学校发展，积极参加退休党支部活动，是学校中心工作全面优质发展的完美助力。在大家的鼎力支持与热切关怀下，南海中学取得七年"两超越、一突破、高增长"的丰硕育人成果，受到上级部门的大力表彰和社会各界的极高赞誉！

紫菊宜新寿，丹黄祈新福。真诚欢迎各位老领导、老教师们于10月16日上午9:30莅校参加2021年重阳节座谈会，共话南中发展！

真诚祝愿老领导、老教师们安度晚年,尽享天伦;真诚祝福老领导、老教师们身体康健,寿比南山!

佛山市南海区南海中学
2021 年 10 月 14 日

2021年重阳节茶话会后,与退休教师在新教学楼前合影

生命关怀,在细微处显深情,在实在中见真义,在守望中求致远,这种心灵与心灵的对话、生命与生命的交融,提升了全校师生的归属感,促进南中校园更加和谐。

2. 事业关怀

除生命关怀之外,学校的人文关怀还体现在对教师专业发展的事业关怀上,其内涵与目的在于按照不同人的不同需求,坚持以老师的成长过程和未来发展为宗旨,有序和谐地进行不同层次的管理,尊重人,理解人,善待人,帮助人,成就人,以促成人的可持续发展。

对教师的事业关怀不仅要激励先进教师,还要关注后进教师。学校坚持"共同进步,共同发展"的理念,把后进教师分为四类:一是暂时失败者,他们有能力,但在目前的评价体系中未能取得应有的成绩;二是自卑者,缺乏信心和敢拼敢闯的勇气;三是发牢骚者,这一类教师往往能力卓越,具有创新精神,但缺乏良好的沟通和相互理解;四是幕后辛劳者,他们默默付出,不善于表现。南海中学帮助后进教师,旨在"让大多数人都能够先进"。具体而言,就是将心比心,争取人心,多调动,多鼓励,多爱护老师,用欣赏的眼光看待后进教师,让他们看到希望,迎头向前,后进变先进。因此,南海中学采取措施,通过"帮""重""创""鼓""压"等策略,让南海中学后进教师快速成长。其中,"帮"就是要在行动上帮助后进教师,"重"是指在态度上要重视后进教师,让他们从边缘位置进入到管理者的视线中央,"创"是指积极利用各种机会,为后进教师创造发展平台和表现机会,"鼓"是鼓励后进教师,给他们加油打气、增加信心,"压"是指给后进教师增加担子,让他们树立责任意识,促使他们能够不断进步。

在教师发展目标、学术管理、教学管理方面,南海中学逐步形成了独具特色的南中机制。

在教师发展目标方面,截至2021年11月,南海中学是区域内高中里唯一的"广东省中小学教师校本研修示范学校"。在加快教师专业化成长方面,学校制定了《佛山市南海区南海中学"十四五"教学教师提升工程纲要（2020）》和《佛山市南海区南海中学名师（班主任）工作室实施方案（2021）》,推进教师成长、成名。

佛山市南海区南海中学"十四五"教学教师提升工程纲要（2020）

一、指导思想

过去的"十三五"期间,我校在绿色教育理念的引领下,在全体师生的共同努力下,各项教研活动有序开展,教育教学各方面均取得了优异的成绩,社会各界对我校取得"两超越＋一突破"的骄人成绩给予极高的赞誉,我校一跃成为享誉岭南的教育教学科研高地。

在"十四五"到来之际,学校教学工作将继续贯彻落实立德树人根本任务,高擎绿色教育旗帜,坚持以"守望生命的绿水青山"为办学理念,以"培养新时代可持续发展的绿色人才"为育人目标,这是南中教育者的初心;以发展学生核心素养为指向,全面落实绿色教育理念,大力推进课程改革和高考综合改革,全力打造优秀教师团队,进一步加强教学常规管理,努力提高科组、备课组教研活动质量,深入开展高效课堂研究,着力打造教学质量品牌,力争未来五年办学成绩在高位上再攀新高峰!这是南中教育者的使命。

二、工作目标

（1）加强师德师风建设,重视教师队伍管理与建设,重视部门的协同管理,打造一支团结协作、爱岗敬业、爱教乐教、战斗力强的南中团队。

（2）加强学科组、年级组的教育教学常规管理,提升教育教学的执行力,从而提高教学质量。

（3）推进开展形式多样的教研活动,形成"人人有活动,人人要教研、人人促成长"的良好教研氛围。

（4）重视三年一盘棋的教学备考,高一高二抓好习惯夯实基础,高三提能力出成绩,力争实现南中高位稳增长。

(5）重视竞赛辅导、培优培尖，培养一批能够冲击强基计划或高考中能够冲击清北、华东五校的学生。

三、主要工作

（一）抓好教学常规管理，以规范化管理促进专业化成长

1. 抓好科组、备课组教学常规的落实

科组、备课组是开展学科教研活动的基层组织，是优秀教师成长的摇篮。加强科组和备课组建设、不断优化教学过程管理、落实教学常规、积极开展教学研究是充分发挥团队战斗力、促进学科整体教学质量稳步提高的关键。

（1）加强学科教研组建设。

"火车要跑得快，要好的火车头来带。"首先，学科主任就是各学科的火车头。学校将坚定不移地支持学科主任的工作，教学线各部门积极听取学科主任的反馈，引领协调学科主任加强对学科组年度工作的规划与开展，以"三年一盘棋，五年一跨越"为目标推进，努力增进同学科不同年级教师之间的交流和合作，将学科三年教学规划真正落实到不同年级的教学之中。其次，好的评价制度也是好的火车头。为进一步推动教研组和备课组建设制定良好的竞争和评价机制，本学年度将继续开展推进《南海中学优秀科组评比方案》《南海中学期末考试奖教方案》等，评定优秀科组、示范备课组、优秀班级，学校将对优秀集体进行宣传、表彰和奖励。

（2）坚持开展深度教研，力促教研质量提升。落实好"一周一主题，一周一集备，一课一研讨"工作。

①"一周一主题"：各学科组要按照学校要求，充分发挥学科发展研究中心的设备优势，落实好每周一次的科组教研活动，坚持开展主题学习、专题讲座、交流研讨、课例研究等形式的主题教研活动，努力提高教研活动和集体备课的质量。

②"一周一集备"：各备课组要落实好每周一次的集体备课，提前定好周计划内容，指定中心发言人，中心发言人为主备（因学科特色可以设置一周多人），其他组员做好补充，做到深度备课，清晰明了每一周的主要内容，形成定稿。每学年第12、13周举行南海中学集体备课展示比赛。

③"一课一研讨"：当天有课的备课组要进行碰头小结，简要总结当天上课的得与失（包括例题、习题、教法、学情等），简要规划第二天课程。

（3）积极推进省、市示范教研组的培育和创建活动。本学期将制定《南海中学优秀科组评比方案》，引领各科组积极促进教学教研各项工作，加强科组间的相互学习与良性竞争。南海中学九大学科均已评为佛山市示范教研组，2018年生物学科被评为广东省优秀教研组，2019年地理科组被评为广东省优秀教研组。力争再打造1~2个省级示范教研组。

2. 促进教师个人教学常规的落实

教师个人的教学常规落实直接关系到教学质量，新的学期，抓好教师个人教学常规很有必要。

备课：备好课是提高课堂教学效率的前提。全体教师都应该在课前对所要讲授的内容作精心的准备，包括对学生情况的了解、教学目标的确定、教学流程的设计、教学问题的预设、教学活动的安排、重点难点的突破、教学方法、教学手段、课堂训练等，教师们注意做好以下两点。

（1）"五个结合"：集体备课与个人备课相结合，教法与学法相结合，知识传授与能力培养相结合，教学目标与教学过程设计相结合，设计高质量问题与学生提出有价值的问题相结合。

（2）"八个要求"：体现课改理念，落实三维目标，重视课堂导入，突出思路设计，研究学生活动，突破重点难点，科学设计板书，及时进行反思。

上课：课堂是落实教学目标的主阵地，教师做好以下几点。

（1）"两个至少"：教师每月至少提问每个学生一次，每学期至少对每个学生进行一次面批、面改。

（2）"两个鼓励"：鼓励学生发展，鼓励学生质疑。

（3）"三实"：真实，朴实，扎实。

（4）"三声"：笑声，赞美声，惊讶声。

（5）"四个注重"：注重启发诱导，注重学法指导，注重情感渗透，注重培养创新思维。

（6）"四个带入"：把激情带入课堂，把才智带入课堂，把微笑带入课堂，把趣味带入课堂。

课后练习：课后练习是课堂教学的延伸，适量的练习有利于学生巩固、提高。课后练习既不能没有，也不宜太多、太难，把握好"度"是非常重要的。所有练习布置给学生之前教师一定要先做一遍勾选，布置要有针对性，切忌不分轻重要求学生全做。教师要注意以下两点。

（1）"四性"：针对性、规范性、时间性、延展性。

（2）"分层作业"：数学、物理每次作业布置"自助餐"作业，每次不超10分钟，不硬性收缴，但课后要配发答案。

课后辅导：学校要求，教师每周晚修辅导不少于2次，每次不少于90分钟。辅导期间可以有针对性地约见部分学生进行学法指导、信心鼓励或作业试卷的面批面改等，通过长期而有个性化的指导和帮助，做实培尖扶临工作。为进一步提高答疑工作的效率，本学期开始，各班各科建立辅导预约本，学生提前把疑难问题写在相应学科的辅导预约本上，晚修辅导期间老师对照预约本帮助学生答疑解惑。

测验与考试：要根据学生情况和教学要求，精选测验与考试试题，既要体现阶段性教学特点，又要体现近年高考的趋势和规律。试卷的编制要规范，格式字体等要按照学校阶段性考试的命题要求。本学期各科测验与考试网上阅卷用懂你系统。各科成绩的公布除了核心数据以外，还必须要有"进步榜"，让中后层学生也有上光荣榜的机会，从而更好地激励他们不断进步。

（1）"三不"：不网上直接下载，不随意开广播，不随意批评。

（2）"四要"：组卷要认真，审卷要细致，数据要详尽，考后要跟进反思。

3. 开展教育教学规范月活动，促进良好教学教研氛围的形成

为了更好地规范教育教学工作，促进教师间的相互学习和促进，学校在每年9月开展教育教学规范月活动，从课堂、日常教研、课后辅导、学生关注等方面践行规范，共同创建良好的教风。9月同期，也将推进学生新学期规范月活动，从上课、作业、提问、师生交流、心理、日常作息、宿舍规范等培养学生良好的学习、生活习惯，促进学生形成积极、阳光、进取的新风貌。

（二）开展形式多样的教研活动，促进全体教师共同成长

教学、教研是学校发展的生命线，本学年学校将继续秉持"人人有活动，人人要教研、人人促成长"的理念开展各项教育教学活动。

1. 推进课堂教学改革，促进高效课堂

以年级主管教学的主任为负责人协同备课组长组建年级教学改革指导小组，每学年的第3周召开启动会议，开展工作。教学改革指导小组深入课堂听课，了解各年级教师教学状况，及时发现教学中存在的问题，积极发挥研究和指导作用，帮助教师不断改进教学，推动课堂教学改革工作稳步前进。

课堂教学改革指导小组成员尤其年级委成员坚持每周要听至少一节课，深入了解年级课堂情况，听课后进行评课，形成评课文字档，发给授课教师，年级主任负责统筹收集，期末汇总交到档案室。

听评课的主要对象：樵山班、新教师、需要提升的班级。每个年级课堂教学改革指导小组成员听课不少于12节。

2. 推进系列教研活动，创建可持续发展的良好氛围

以教研处为核心，学科主任规划组织学科组、备课组开展各项教研活动。

【教研活动要求】

（1）各项教研活动要组织收集活动资料，如公开课要有教学设计或学案稿。每学期，语、数、英科组要上交不少于6节课的组内公开课，其他科组精选4节或以上课到档案室存档。每位教师每学期积极参与听课评课，并做好记录，每学期上交的听课本记录不少于12节课。

（2）每位教师要积极参与学校、科组、备课组等组织的教研活动，不能随意缺席，无故不参与者，学期末评优、评先、职称评定将一票否决。

【本学期系列教学教研活动】

（1）落实好"一人一课"。此项活动为每周科组活动的重要载体，第2周启动，学科主任要做好学年的规划，让各层次教师、各类型课堂得以展示，真正锤炼教师个人教学基本功，让教师们在反思中正确认识自我，在不断改进中逐步提升自我。

（2）"名师伴我行，教坛展风采"——骨干（高级）教师、青年教师同课异构活动。此活动安排在每学年第一学期的第9、15周，对象为高一、高二骨干教师和优秀青年教师。目的是发挥骨干（高级）教师的示范引领作用和优秀青年教师的榜样带动作用，"三人行，必有我师"，形成"研究分享、新老互促、和谐共进"的良好氛围。

（3）高三一轮同课异构及备考交流活动。为提高一轮复习的有效性，更好把握新课标全国卷备考方向，本学期将继续借力省、市名校与名师，开展"同课异构"活动。通过"同课异构"，学习名校名师先进的教学经验和方法，促进我校高三教师逐步转变教学行为，提高备考工作的质量。本活动安排在每学年第一学期的第7周、第9周。

（4）新教师汇报课。重视新教师的培养，新教师入职后配备培养导师，定期组织汇报成长情况。每学年第一学期的第10、11周组织新教师汇报课比赛，要求不用多媒体、以板书为主的形式授课，主要是以促进新教师基本功为目的。

（5）"绿色课堂，星耀南中！"——青年教师优质课比赛。比赛对象由各学科组推荐一位优秀青年教师参赛，旨在展示各学科青年教师的成长，促进学科组学习与交流，为青年教师成长创建平台，促进青年教师的快速成长。本活动安排在新学期的第16周、第17周。

（6）高一、高二级组继续做好"微爱行动"深度课堂研究实验，组织相应班级有序开展深度课堂教学，研究开发适合新形势的教学课堂，确实提高教学质量。"微爱行动"深度课堂展示课安排在第一学期的第4、12周，主要在高一年级开展。

（7）南海区教育局视导活动。南海区教育局每学年对我校教育教学进行视导，各个年级被视导的学科要组织好上课教师，认真听取专家的反馈，积极做好教学调整。

（8）集体备课展示比赛。为了更好地促进各学科集体备课活动的开展和互相学习，学校在每学年第一学期的第12、13周开展集体备课展示比赛，各学科内先选拔出一个备课组参加比赛，学校组织评委进行打分，科组老师观摩学习，反思改进，从而进一步提升集体备课的有效性。

（9）抓好"语言文字"工作。9月中下旬（第3、4周）举办"喜迎国庆"南海中学师生书画作品展。

（10）规范、加强体育课、体育训练的管理。体育运动对培养学生心理素质、综合素养至关重要，体育科组要积极思考，改进体育课教学和管理，规范体育生训练，教研处加强督导，落实上好每一节体育课和每一次体育训练，促进学生的身心健康发展和南中体育特长生的可持续发展。

3. 组织开展各项教师业务培训和学术交流活动

（1）各科组、备课组要组织教师认真学习和研究《普通高中课程标准（2017年版）》，8月上旬，高一、高二各学科均组织了新课程线上培训。各学科要认真体会教育部组织的网上新教材的培训，深刻理解本学科课程的基本理念，将学科核心素养目标落实在学科教学过程之中，促使学生逐步形成正确的价值观念、必备品格和关键能力。

（2）要加强对近三年全国高考《考试大纲》、《考试说明》、试题及试题评价分析报告的学习和研究，对比分析近三年高考试题的特点和变化趋势，及时调整教学策略，准确把握教学方向。

（3）实施"走出去"战略，努力为教师参加各种学术交流和各级培训活动创造条件，多为教师提供外出学习、培训观摩的机会。

（4）积极组织教师参加佛山市、南海区教研室组织的新高考、新课标培训活动。本学年争取组织部分学科骨干教师，到省内一流名校学习交流，学习名校教学、管理和尖子生培养等方面的先进经验。

（5）实施"请进来"战略，将名师专家请进学校进行专题报告，教师、专家面对面研讨交流，深入更新教师的教学思想，转变教师教学行为。

（6）组织好学校教师参加年度继续教育培训。信息科组张丽鸿老师做好组织统筹工作。

（三）抓好教师队伍管理与建设，促进南中教研的可持续发展

教师队伍的综合素养决定了一个学校的发展，新学期，学校拟从以下方面抓好教师队伍的管理与建设。

1. 加强师德教育，进一步提高教师师德境界和责任意识

本学期，各教研组要结合南海区教师节系列活动，组织教师学习优秀教师的先进事迹，大力弘扬爱岗奉献精神，进一步坚定教师职业信念，加强师德师风的学习与建设，积极营造"静心教书，潜心育人"的良好氛围，大力倡导全校教师争当育人楷模。

2. 明确教师的权利与职责

我们着力打造一支具有师德高尚、爱岗敬业、战斗力的南中教师队伍。学校尊重每一位教师，教师拥有国家赋予的各项教师权利，尊重每一位教师，加强人文关怀，促进合作与交流，对表现优异的教师加强表彰。同时也要明确义务，认真落实好每一项教学常规，积极参与各项教研活动，服从落实学校的各项安排，教师日常表现将成为期末评优评先、职称评定等重要考量依据，对出现师德问题，或无故出

现教学事故，或无故缺席教学、教研活动的老师要登记备案，期末评优评先、职称评定等将一票否决。

省、市、区名师要起到带头引领学科、学校全面发展的作用，在日常工作中要身先士卒，多散发正能量，每个学期要组织、承担一次校级或以上的活动，尤其是学校需要时要乐于承担，学科主任要统筹安排好年度本学科名师的相关任务。

3. 以各类教学素养比赛促进教师发展

积极组织和鼓励我校教师参加教育行政部门开展的各类教学素养比赛。各学科根据本学科省、市、区、校的学期规划，做好本学科各类比赛的规划与准备，敢于对教师们定目标、压担子，力争取得好成绩，带动教师们的高素质快速发展。

4. 加强名师的示范引领和成长成才

教研处和学科主任联合积极搭建平台，以活动为载体，积极发挥名师的示范辐射作用，带动我校教师走上优质发展道路。在上级文件精神的引领下，积极打造名师成长之路，力争三年内，南海中学特级教师、正高级教师、区首席教师等高层次人才数量再上新台阶。

5. 认真抓好青年教师培养工作

青年教师是学校的未来和希望！为促进青年教师健康快速成长，本学期将重点做好以下工作：

（1）坚持抓好新教师的入职培训和"传、帮、带"工作。

新教师是学校发展的新鲜血液。为帮助新教师尽快适应教育教学工作，尽早实现由学生到教师的转变，8月下旬，学校成功开展新教师入职培训活动。年级要选派爱岗敬业、教学能力强的教师作为新教师的导师，通过"结对子"（老教师一对一帮扶指导）、"压担子"（布置听课、上课、学习、培训等活动）等方式，帮助新教师端正职业态度，练好教学基本功，尽快站稳讲台。为检验新教师培养工作成效，第一学期第10、第11周，学校将组织开展"新教师汇报课"活动。相关学科和年级要协调配合，抓实培养过程，促进新教师健康成长。教研处在第一学期的第11周组织青年教师成长分享座谈会，促进新教师的健康快速成长。

（2）不断完善"师徒结对"工作，形成"以老带新，以新促老"的新局面。

每学年10月下旬，召开新学年师徒结对"拜师大会"暨"人梯奖"颁奖大会，科组长于9月中旬前将师徒结对名单上报教研处。徒弟是教龄在10年以内的青年教师，南海区学科名教师必须承担带徒任务。教研处和科组要对照协议书，对上一学年度的师徒结对工作成效进行检查，评出人梯奖等次。

（3）搭建平台，助推青年教师追求卓越。

每学年举办主题为"绿色课堂，星耀南中"的青年教师优质课比赛活动。比赛分文、理两组进行，参赛选手为：年龄35周岁以下、尚未评上高级职称的年轻教师（不含新教师）。名额：语、数、英各科2人，其他学科各1人。采用自愿报名和科组推荐相结合的方式，请科组长于12月1日前将参赛教师名单发给胡文华主任教研处。

（4）新教师和第一年上高三的教师落实"六个一"：写完一本完整的备课本，写完一本专用的听课本，上好一节高质量的公开课，做完一本高考真题集，撰写一个高考研究案例，参加一次解题（或命题）比赛。

（四）加强年级教学协同管理，确保教学教研工作落到实处

1. 加强教学质量监控与管理，促进各学科的稳步均衡发展

教研处要根据计划组织好各年级的阶段考试，统一、规范要求，严把质量关，联合年级组做好考后分析，掌握考后数据的质量监控，了解级组的发展情况。教学质量检测安排：高一、高二各3次，分别于第一学期的第7周、第14周和第21周举行，考试结束后各年级将考试成绩、考后分析发言稿发到教研处公文存档。

成立年级质量检测考评组，考评组成员由年级委和学科主任或备课组长构成，质量检测中问题突出的备课组、班级要进行联合诊断，必要时约谈相关教师或团队，寻找问题，确定提升策略。

2. 做好阅卷系统的维护、使用和希沃平台功能的开发，提升教育教学质量

教研处组织好懂你系统等阅卷工作的沟通与管理，确保各学科阅卷顺利进行，为大数据的研究与发展提供帮助。积极探索大数据下学生个性化的辅导与跟进，尤其是尖子生与临界生。

3. 加强部门与年级的协同管理，促进各年级的高质量发展

教研处要组织年级认真做好学生评教、作业量调查等工作，每次阶段考试之后落实，年级形成报告，上交教研处，表扬先进，督促落后。及时了解各年级的发展情况，避免学生的分化，确保年级整体健康良性发展。

各年级要把尖子生的培养当作最重要的工作之一。积极探索樵山班的发展，定期举办樵山班的座谈与交流，创造樵山班师生学习的机会，积极组织各项行之有效的培优活动，推进"卓越班"的深度发展，探索樵山班的课程体系和个性化的培优辅导。积极探索培养清北、华东五校、985、211优秀学生的各项措施，力争不断突破，让南中再上新台阶。学校在每学期的第4周举行南海中学实验班工作交流会议，年级要另外根据实际制定本年级实验班总结交流的计划。

4. 抓好学科竞赛、培优培尖工作

（1）学科竞赛辅导工作。继续抓好学科竞赛辅导工作，做好信息学等学科竞赛辅导工作，为部分学生参与强基计划创造条件。教研处牵头规范各年级的学科竞赛辅导，年级制定总体规划，学科根据年级指引，明确辅导目标，制定详尽的辅导方案，确保辅导落实到位。第4周相关学科竞赛辅导工作启动，学科主任和年级委协同安排好辅导老师和具体的时间。

（2）推进开展数学培优、培尖工作。本学期开始，学校将与顾滨数学工作室开展合作，三个年级推进开展数学培优、培尖工作，高三年级从8月15日开始隔周一次安排名师到校授课培优，每次3个小时，上学期大致授课11次。高一、高二从9月11日开始每周六下午分别进行2小时名师授课，寒假三个年级将分别组织进行为期一周冬令营特训，目的是培养高考总分优秀的学生能够有更强的实力冲击清北、华东五校。其次培养南海中学培优培尖的教练团队，教研处要协同数学科组落实好本学期工作，意义重大。

（五）关注高考备考工作，集中全体教师智慧，共铸2022高考辉煌

（1）加强高考备考研究。把国家课标、考纲、试题、试题分析、权威部门关于高考考试内容改革文献有机贯通起来研究，透彻理解高考试题命题立意，以及试题对必备知识、关键能力与素养考查的要求，开展高考试题深度研究，准确把握各学科高考备考方向。

（2）做好备考传承创新工作。第一学期第3周，召开新、旧高三教师各学科交流会，高一、高二备课组长列席会议，教学线行政和学校领导参加会议，学科主任做好组织和主持工作，并做好记录。

（3）高三年级开展与名校名师的"同课异构"活动。为提高一轮复习的有效性，更好把握新课标全国卷备考方向，本学期将继续借力省、市名校与名师，开展"同课异构"活动。通过"同课异构"，学习名校名师先进的教学经验和方法，促进我校高三教师逐步转变教学行为，提高备考工作的质量。同课异构活动安排在每学期的第7、9周。

（4）重视体育生、艺术生、传媒生的培养。教研处联合级组规范体育生、艺术生、传媒生的管理与培训，形成制度，明确目标，科学培养。高三体育生、艺术生、传媒生术科考试结束后，年级要制定文化科辅导方案，促进考生的双科上线。

学校各部门在党委书记、校长的统筹协调下，逐步理顺"十四五"教师提升工程纲要中提及的各项活动之职责，配合教学线完成教师快速提升。力争在5年内，再培养出4名以上正高级教师、2名广东省百千万名师培养对象、4名以上特级教师和2名区首席教师。

南海中学名师（班主任）工作室实施方案（2021）

根据《中共中央 国务院关于全面深化新时代教师队伍建设改革的意见》、国务院办公厅《关于新时代推进普通高中育人方式改革的指导意见》、《广东省教育厅印发〈关于高水平高质量普及高中阶段教育的若干意见〉的通知》（粤教职〔2017〕1号）的精神，为促进我校教师专业成长，助推骨干教师迅速成长为高层次人才，实现以科研成果引领教育、教学成长，推进课程改革和课堂教学改革，在促进学校教

育教学质量提高，打造学校教育教学品牌，结合我校教学实际情况，特制订本方案。

第一条　名师（名班主任）工作室建设目标

名师（班主任）工作室以名师（班主任）为引领，以学科为纽带，以先进的教育思想为指导，形成集教学、科研、培训等职能于一体的教师合作共同体。探索"品质引领—主题驱动—项目研究—平台支撑—精细打磨—成果凝练"的人才培养和成果培育模式。通过整合资源，高端引领，打造一支致力于推动教育教学改革的高水平创新队伍，形成一批具有鲜明特色和推广价值的标识成果。

第二条　名师（班主任）工作室的组成

名师（班主任）工作室培养周期为三年一轮，工作方向以学科团队为主要依托，以教、学、研一体化为主要途径。名师（班主任）工作室由工作室主持人（即名师）和工作室成员组成。

（一）主持人

名师（班主任）工作室设主持人一名，由学校具有中级以上职称的学科教师担任。符合条件的教师自愿申报、填写相关申报表，由学校组织专家评审组进行评选。

名师（班主任）工作室主持人的遴选条件：

（1）获得区级或以上荣誉或名师称号，或在市级以上教学比赛中获得一等奖以上荣誉，且有鲜明的教育思想和个人教学风格。

（2）具有深厚的教育情怀，热爱教育事业，师德高尚，是育人的模范、教学的能手、科研的专家。

（3）认真贯彻党和国家的教育方针，具有较高的教学水平、理论水平，具备能主持教学科研类区级以上课题的能力。

（4）具有较强的专业引领、培训指导和组织协调能力，能够承担工作室的职责任务。

（二）名师（班主任）工作室成员

工作室成员由符合条件的教师个人申请、经主持人审核，报学校同意并确认为工作室成员。工作室成员原则上6~8名。

名师（班主任）工作室成员的遴选条件：

（1）具有较强的自我发展能力的优秀中青年教师。

（2）认真贯彻党和国家的教育方针，具有积极进取的精神。

（3）具备良好的师德和团队合作精神。

（4）具有良好的专业素养、扎实的教学基本功。

（5）具有一定教学理论水平和运用现代教育技术与学科教学融合的能力。

（6）具有较强的教育科研能力和积极钻研的精神，能够承担工作室的职责任务。

教学业绩突出者可适当放宽以上条件。

第三条　名师（班主任）工作室的类型

（一）南海中学绿色课程开发名师工作室（跨学科）1个

聚焦已有绿色教育理念的梳理、凝练，学科、社团绿色品牌课程的开发。

（二）南海中学教学改革名师工作室2个（文理各一个），可围绕以下任一方向开展研究

（1）大数据指导下（985、211、高优、本科临界生）学科精准教学模式。

（2）微爱行动背景下人师、机师双师课程体系探索。

（3）懂你系统的教学辅助功能探索。

（4）樵山班、卓越班培养机制研究。

（5）日语班转化教学辅导工作探索。

（6）其他有利于学科发展的研究。

（三）南海中学名班主任工作室2个，每个工作室围绕1个核心主题开展活动与研究

1. 名班主任工作室1

以班主任专业化发展为核心，工作内容包括：

（1）班级常规管理与班级集体建设方面的实践与研究，协助年级开展例会的班主任研修。

（2）融合学校绿色教育理念，研究符合我校特色的主题班会体系，打磨主题班会，联合德育处开展优质班会课的展示与评比活动。

（3）以我校德育实践为基础，开展德育小课题研究，联合德育处开展德育论文评比、德育论坛等活动。

（4）探索符合我校特点的班主任专业化成长机制，联合德育处开展班主任专业能力大赛系列活动。

2. 名班主任工作室2

以生涯教育为核心，工作内容包括：

（1）系统学习生涯教育的相关理论，带动更多的班主任成长为优秀的生涯导师。

（2）参与学生发展处与德育处组织的各项生涯教育活动，如模拟招聘会、生涯大讲堂等。并立足校情，努力开创更多的生涯教育实践活动。

（3）以"问向生涯"平台为基础，打磨生涯主题班会课，与名班主任工作室1合作，融合学校绿色教育理念，打造特色生涯主题班会体系。

（4）探索生涯教育与班级建设、学科教学、社团活动等的融合发展模式，在已有基础上完善我校的生涯教育课程体系。

每个工作室都要与学校德育部门及学生德育实践紧密结合，所开展的各项活动均要向课程化、专业化、系列化方向发展。

开设南海中学名班主任工作室微信公众号，向社会系列化展示我校名班主任工作室的成果。

第四条 名师（班主任）工作室管理

学校成立名师（班主任）工作室领导小组，对名师（班主任）工作室实施统一管理。领导小组负责审批名师（班主任）工作室领衔人选，审定立项项目，组织实施对名师（班主任）工作室的检查和评估等。

组长：傅陆根

副组长：杨剑、蒋旭锋

成员：彭清华、潘国鉴、郭丽婉、宋业应、胡文华、李拥军、古清华、马琳

第五条 名师（班主任）工作室的管理和考核

南海中学名师工作室由学校科研与课程处和教研处负责日常管理，名班主任工作室由德育处和学生发展处负责日常管理。工作室由学校统一挂牌，每月至少有一次集体研修活动。每学期学校将举行名师（班主任）工作室工作汇报或经验交流会议，促进工作开展。

名师（班主任）工作室的研究成果应以论文、讲座、公开课、研讨会、报告会、名师论坛现场指导、观摩等形式在全校范围内介绍、推广。工作周期内，工作室主持人应带领工作室成员开设一定数量的区级以上公开课、培训讲座或教学论坛（报告会、研讨会）。

名师（班主任）工作室要结合新课程实施和新高考备考，根据本学科特点和本工作室目标，系统地建立教育、教学资源库，实现优质教育、教学资源的共享。

名师（班主任）工作室考核由自评和他评构成，他评主要由工作室领导小组负责，主要考核的是名师（班主任）工作室的工作具体开展情况，对主持人和成员的师德规范、教学成绩、自学情况、参与培训情况、参与工作室活动情况、随笔论文撰写情况、开设研究课、专题讲座、学术论坛、个人计划达成等情况进行量化考核。考核不合格者则调整出名师（班主任）工作室；同时按有关程序吸收符合条

件、有发展潜力的新成员进入工作室。

第六条 名师（班主任）工作室待遇

名师（班主任）工作室成员均作为学校的名教师培养对象，学校尽全力提供各种学习提升的机会；同等条件下，优先评优和晋升。学校为一个工作室提供2~3万元的工作经费用于购买书籍、外出学习交流等（经费的使用须符合国家有关财经制度）。

附《佛山市南海区南海中学名师（班主任）工作室规章制度》

佛山市南海区南海中学名师（班主任）工作室规章制度

为了确保南海中学名师（班主任）工作室各项工作有效开展，特制定本制度。

一、工作室例会制度

各工作室每学期召开一次计划会，讨论本学期计划，确定成员阶段工作目标、工作室教育科研课题及专题讲座内容；每学期至少安排一次阶段性工作情况汇报会议，督促检查各项工作的实施情况，解决实施过程中的难点；每学期召开一次总结会，总结经验成果，梳理存在的问题，研究解决的办法。

二、工作室学习制度

一要按时学习。工作室成员平时学习以自学为主，同时要根据研究方向，确定主题，每学期至少集中学习一次，并利用工作平台交流学习心得。

二要按需学习。工作室成员在每学期自我发展计划中明确学习内容、学习目标，按需有选择性地进行学习。

三、研讨制度

（1）工作室成员积极参加各级各类教学研讨活动。

（2）工作室建立"每月一主题"研讨制度。由工作室根据研究方向确定主题，每月集体研究一次。

四、工作室工作制度

（1）名师工作室主持人与工作室每个成员签订《名师工作室成员工作协议书》，在完成工作室研究项目和个人专业化成长方面制订周期发展目标，规定双方职责、权利及评价办法。

（2）工作室主持人为工作室成员制定具体进步计划，安排培训过程。工作室成员必须参加工作室布置的带、教、培训工作，完成相关工作任务，并有研究成果。

工作室建立定期主题研讨制度。由负责人根据研究方向确定主题，定期集体研究，将研讨成果发在工作室网站上。

（3）做好工作室的宣传工作。工作室要及时通过学校网站、官方微信或工作室公众号发布工作动态、成员论文、专题研究课例设计、典型案例及评析、教育故事、活动图片等。

五、工作室考核制度

考核主要从思想品德、理论提高、管理能力、教育教学能力、研究能力、技能水平等方面考察是否达到培养目标，考核不合格者调整出名师工作室；同时按有关程序吸收符合条件、有发展潜力的新成员进入工作室。

六、档案管理制度

建立工作室档案制度，并由主持人兼管。工作室成员的计划、总结、听课、评课记录、公开课、展示课、教案等材料及时收集、归档、存档，为个人的成长和工作室的发展提供依据。

佛山市南海区南海中学
2021 年 3 月 19 日

六、绿色激励

何为绿色激励？每一次重大活动、每逢重要节日是展示学校阶段性育人成果和表彰优秀师生的重要舞台。活动中，校长的讲话能否触动师生灵魂，达到育人实效，在于校长的讲话稿是否具有亲和力，是否震撼人心。活动中，学校通过媒体广泛宣传报道，是增强教师荣誉感、获得感和幸福感的重要手段。绿色激励，就是作为学校决策者，高效利用讲话机会，实施激励动员，发挥激情演说的魅力，对师生形成激励！以下为几次重大活动和几个重要节日的讲话稿和学校微信公众号推文摘编。

（一）校长讲话稿

1.

砥砺奋斗"两超越"抚六载峥嵘　任重致远"一突破"启时代华章
——在 2020—2021 学年秋季开学典礼上的讲话

老师们、同学们：大家好！

金秋洋溢着喜悦，满怀着憧憬，我们又一同走进了新的学年。在这美好时光里，我们在美丽的南中校园隆重举行2020—2021学年度开学典礼。

首先，我代表学校祝福同学们在新的学年里快乐学习，茁壮成长！今年，2020级高一同学，带着父母的期望、怀揣着美好的梦想，信心满怀地迈进南中校园。让我们用最热烈的掌声，向高一新同学，表达最热烈的欢迎，欢迎你们成为南中人！

借此机会，我也把学校教育管理团队隆重介绍给大家：南海中学副校长黄新古同志，黄新古同志还兼任南海外国语学校校长；南海中学刘水明副校长、杨剑副校长、蒋旭锋副校长；教务处潘国鉴主任，校务处何伟雄主任，教务处梁应标主任，教研处彭清华主任，德育处李拥军主任，总务处郭丽婉主任，教研处宋业应副主任，德育处古清华副主任，行政办公室胡文华副主任，行政办公室谭家业副主任，招生办秦昭昭副主任，党建办公室余文锋副主任；团委皮欢书记；高三级长宋建奎，高三副级长谭桂芳，高二级长钟敏知，高二副级长易林霖，高一级长邢东阳，高一副级长叶汉中；南海中学语文科组长马琳老师，数学科组长钱耀周老师，英语科组长冯燕辉老师，物理科组长侯军老师，化学科组长曾仲献老师，生物科组长封其毅老师，政治科组长蒙锦红老师，历史科组长何宝珊老师，地理科组长王高权老师，体艺科组长刘昱老师，信息科组长张丽鸿老师。

山高水长，桃李芬芳，百年名校，南粤之光。南海中学，发轫于滔滔珠水之滨，开拓于樵山凤地，承三湖书院之文脉，袭先贤鸿儒之遗风，旗峰钟灵毓秀，桃李千行竞春晖，北江奔涌浩荡，南中儿女引潮流。一代代南中人任重致远，披荆斩棘、砥砺前行，不断创造着南海教育的神话。刚刚过去的一学年，依然是我们南海中学不断创新、不断超越、硕果累累的一年，2020年高考再次刷新纪录，实现历史性突破。

一、高优线上线人数破千。高优线上线高达1020人，高居佛山第二，高优率达82.5%，实现历史性突破。南海中学成为量大率高（上高优线人数超1000人、高优率超80%）的广东省名校（全省目前仅有五所）。

二、文科高优线上线高达305人，继续位居佛山第一。

三、总分尖子群体雄厚。600分以上166人，实现历史性突破。达到"211"高校分数线（华南师范大学2019年最低排位）367人。

四、单科尖子高手如云。语文130分以上11人；文科数学130分以上34人；理科数学130分以上29人；英语130分以上300人；文科综合220分以上27人；理科综合260分以上29人。

五、体育类考生全面开花。体育类考生3人居广东省前100名，其中莫苇苇同学体育类总分居全省第5名，被北京体育大学录取。

樵岭开拓披荆斩棘谱写华章，珠水竞渡劈波斩浪跨越辉煌。2020年高考的辉煌，是南中百年的一个高光时刻，是一个里程碑式的事件，它必将在南中百年校史上留下浓墨重彩的一笔，它必将对南中未来产生深远影响。2020年，我们一起创造了历史！这一辉煌，是我南中师生精诚团结、砥砺奋斗的结果，是学校在总结办学历史，把握时代教育发展趋势，践行绿色教育，并持之以恒、勤勉耕耘，最终水到渠成结出的教育硕果。

近年来，学校全面推进绿色教育，立足培养学生的核心素养，为学生的全面发展搭建了广阔的平台。实施德育生活化、活动化，积极搭建校外实践平台，每学期举办丰富多彩的校园活动，同学们在活动中感受团队的温暖、团结的力量，实现创新能力的提升和领袖气质的培养。我们加强与社区的联系，积极投身社区服务，我们各类社团百花齐放，同学们在活动中学习，在活动中感悟，在社会实践中获得了锻炼和成长。我们社团的管理实施"一师一队（团）"，硕果累累。我们还在佛山市率先开设《生命教育》《生涯教育》，我们举行大型职场模拟招聘，引导同学关注生命健康与未来规划，让同学们真切体验到生命的"绿水青山"。

在绿色教育的引领下，在百年南中优良学风的浸染中，南中学子的综合素质显著提高，学生各类竞赛和比赛获奖众多：2016年9月至今，我校学生获国家级奖项434人次，省级以上奖项1039人次，市级以上奖项1164人次，区级以上奖项3722人次。学校高考成绩也不断攀升，实现了六年"两跨越""一突破"的瞩目成就：2015年高考上重点线673人，首次居佛山第三，实现了第一次超越；2019年上高优线943人，首次居佛山市第二，实现了第二次大跨越；2020年，我们成功破千，南中荣耀跨入量大率高的广东省名校行列。

老师们，同学们：学校一直致力于谋划学校未来长远发展，抓住历史机遇，推进办学条件的不断优化升级，为全校学生的健康全面发展提供完善的硬件保障。2019年10月，区委区政府决定，投资2.69亿元，对南中本部进行改扩建。此举是南海中学发展历程中的又一件大事，它将直接影响学校未来20年甚至更长时间的格局和发展。学校领导班子高度重视，用心用情，从宏观到微观，从外形、内部结构到功能使用，认真规划，反复推敲，形成最优方案。九月底将全面进场施工，将兴建1座学生饭堂、1座学生活动中心、1座高三教学楼、2座教工宿舍、4座学生宿舍，还有游泳馆、演艺中心，工程将在2022年5月全面竣工。到时全校建筑面积将达8.8万多平方米。届时，现代化的游泳馆、能容纳600人的学生演艺中心、6人一间的学生公寓，将靓丽呈现。届时，南中学子将在现代化的游泳馆里上游泳课，在崭新的学生活动中心展无限创意，在崭新的演艺中心的舞台上展才华，在6人一间的学生公寓里舒适生活。届时，校园所有建筑风格融为一体，学术学习氛围将更加浓厚，南海中学成为更加知名的国家级风景区花园名校。2021年6月，新高三教学大楼四座学生公寓竣工，一个年级一层、夏天在空调环境下就餐的新饭堂投入使用。期待我们一起来见证。

同学们，南海中学践行绿色教育，其最终目标是促进生命的可持续发展，培养能可持续发展的人，培养具备适应未来发展的核心素养的人。南中教育追求的不只是优异的高考成绩，更要培养"南海文章"的继承者，塑造"有为精神"的拓荒牛。我们期待从南中走出的学子，更有气质和思想，更有家国情怀，更有对时代命题的主动回应和对时代责任的主动担当。

气质和思想，来自对学习、生活和事业的严肃思考和不懈努力。高中生活的真谛就是学习，努力学习就是我们的责任。学会思考和坚持，学会选择与放弃，学会付出和努力，这不仅是学习的需要，也是人生的一种修炼。尤其在这个"有问题，百度一下"的年代，大家要清醒地认识到：乔布斯靠"百度一下"创造不了苹果，屠呦呦靠"百度一下"摘不到诺贝尔奖。专注学习、自主自律才是硬道。

真正的思想，来自一群志同道合者的交流碰撞。非洲有句谚语：一个人可以走得很快，一群人才能走得更远。在避免电子化危害的过程中，一个积极向上的优秀团队尤其重要。高中同学的友谊弥足珍贵，但"摇一摇、扫一扫"培养不出真正的必有我师的三人行，真正的朋友，也绝不是靠一起玩"王者荣耀""绝地求生"等电脑游戏培养起来的。它是在为了一个伟大的目标和集体一起前进过程中被认可而形成的。当然，真正的思想者还必须能享受孤独，既要灌输热烈的感情，又要拥有坚强的理智，唯有如此，才能在碎片化的喧嚣世界找到自己的一方天地。

在这个千帆竞发的时代，我们更要勇敢、主动地挑起勇立潮头的时代担当。用奋斗为理想插上羽翼，以奋进开拓、拼搏奉献描绘出精谨细腻的人生工笔画。塞万提斯说过，每个人都是自己命运的开拓者。真正的强者，从来不会祈求好运从天而降，而是让自己的努力早日能够匹配得上好运气。在座的很多同学都曾经是学校里的"佼佼者"，而优秀者扎堆的地方注定是不轻松、不平凡的。

有人说，抓住了高一就抓住了高中，抓住了高二就抓住了高考，抓住了高三就抓住了人生。高一是一个人成长过程的重要转折点。高一的同学们，走进了南中，你就选择了拼搏和奋斗，就选择了希望与成功。我希望你们用信心作桨，用坚持作帆，驾驶着知识的航船，在老师的引导下扬帆起航，乘风破浪到达理想的彼岸。高二的同学们，你们已经进入了知识和能力大幅度提升的关键时刻，因为高中的大部分教学内容都是在二年级完成的。我真诚希望每一名同学都明白这一点，在新学期制定新计划、新目标。尤其是面对学习中的困难和挫折，要经得起风吹浪打，敢于挑战自我，超越自我，坚信：只有拼出来的成功，没有等出来的辉煌。高三的同学们，此时的你们，汇集了老师们更多的目光，倾注了家长更多心血，你们已经来到了高中阶段的最后关头，愿你们能够不忘初心，披荆斩棘，在来年的盛夏听到梦想绽放的声音，成为一个不负自己不负未来的"梦想履约者"。2021年，永争第一！2021年，再创奇迹！

同学们：三年高中生活犹如电光火石，转瞬即逝，犹如东去流水，一去不返。我们今天不学习，我们拿什么资本去拥抱明天！我们今天不奋斗，世界那么大，我们拿什么资本去看看！同学们，无论你是刚刚入学，还是已经升入高二、高三，无论你来自哪里，也无论你今后要去往何方，既然你们选择了南中，也就选择了挑战,选择了责任,选择了不平庸。同学们请牢记,为个人梦想奋斗是快乐的,为家庭美好奋斗是幸福的,为国家富强奋斗是伟大的。这对于个人,是人生的出彩;对于学校,是梦想的绽放;这于国家,是历史的进程和伟大的复兴。让我们一起,不辜负这个最好的时代。最后祝老师们身体健康,工作顺利!祝同学们学业有成,梦想成真!

2.

十八而立,立足新时代;逐梦风华,华章绘未来
——在 2021 届高三学生成人礼上的讲话

尊敬的家长朋友们、媒体朋友们、校友们,亲爱的同学们:

激荡青春樵山作笔写祖国辉煌,飞扬激情北江磨墨绘人生壮丽。南海中学 2021 届高三级"十八而立,逐梦风华"成人典礼以恢宏的气势如约而至。

首先,请允许我代表南海中学全体师生,感谢各位记者、校友莅临观礼,感谢各位家长莅临参礼。正是你们的支持,113 岁的南海中学创造 6 年高考"两超越+一突破"的辉煌,驶上"高位全面优质发展"的快车道,跻身广东省"量大率高"五大名校行列,连续 3 年荣获佛山市教育最佳口碑学校。越来越多的省际高考交流、高端学术会议落址南海中学这片教育教学科研高地。今天的南中已经成为"学生学得好、考得好、录得好""老师教得好、研得好、引领得好""学校建设得好、发展得好、辐射得好"的岭南名校!

其次,祝贺 2021 届高三级全体同学在新时代美好的今天,年满 18 岁,正式成为法律意义上的成年人。

同学们!18 年前,因为你的呱呱坠地,父亲工作劳累但洋溢着幸福,妈妈操持家务也不觉得辛苦。时光温暖了流年,转眼间 18 年过去了。

——18 年来,从你咿呀学语,父母无论出差去哪里,最期盼的就是归家后把你高高举起;你蹒跚学步,父母蹲在地上,张开双臂迎接你的奔跑,你是家里的整片星空。

——18 年来,从你开始学拼音、学写字,一撇一捺、横折弯钩,这一写,就写到 18 岁。2018 年的盛夏你以优异成绩考进南海中学,把最美好的岁月镶嵌在黄旗峰上。

——18 年来,你从垂髫少年,长成大小伙子;你从豆蔻少女,如今亭亭玉立。你逐渐从身体的成熟走向思想的成熟,你在南中学会了独立思考,常常提出独到的见解。

振笔腾芳一代英才穿壁出,登高纵目九天凤鹤踏云来。新时代的南中学子在追梦、圆梦的路上挥洒青春,日渐成长为国家的栋梁、社会的翘楚、家族的支柱!同学们,我们期待你未来做一个这样的人:

做一个"矢志报国，拥有深厚家国情怀"的人。新时代赋予我们的使命是实现伟大的"中国梦"：到2021年中国共产党成立100周年和2049年中华人民共和国成立100周年时，逐步并最终顺利实现中华民族的伟大复兴。同学们！2049年，你们正好45岁左右，处在事业的黄金时期，当之无愧是中华民族伟大复兴的中坚力量！近日，我国嫦娥五号返回器携带月球样品安全着陆，举国振奋！参与攻坚克难的科研人员，正是从风华正茂的年龄参加高考走上报国之路的。

近年来，南海中学全面推进绿色教育，注重对学子爱国精神的浸染。从南中走出的学子，更有气质和思想，更有家国情怀，更有对时代命题的主动回应和对时代责任的主动担当。此刻，我想起2020届高考录取榜中，李雅琴同学考取国防科技大学，吴金昊同学考取火箭军工程大学，莫兆华同学考取海军工程大学，吴嘉旋同学考取空军工程大学，梁日华同学考取战略支援部队信息工程大学。这正是南中学子对"科技强军"时代命题的主动回应和"矢志报国"的时代责任的主动担当！南中学子沧海横流中闪烁的英雄本色必将光耀中华！

做一个"胸怀宽广，多视角审视事物"的人。成年，意味着思想逐渐走向成熟，也预示着在你之外，会有更多元化的思考，你要善于接纳和包容多样的文化和观点。多视角、多维度来理解世界，以同理心和换位思考来对待他人，你们就会少一些意气用事，多一些理性平和。前几天学校改扩建施工不可避免地对大家的备考产生了一些影响。我们的孙钦强老师在班会课上换了一个角度看待这个问题，用一首诗歌——《来自打桩机的告白》平复同学们的情绪："轰鸣的打桩机，像极了奋斗的你。你奋斗着向上，因你不甘于居下；打桩机轰鸣着向下，为了更好地向上！"这就是多视角审视事物的经典案例，颇有"南中特色"！

人生有梦不觉寒，此心光明万物生。生活总喜欢给人以考验，它喜欢往心生希望的人身上泼冷水。对待生活泼来的冷水，别人会选择将水烧开了再泼回去，但是我们强大的南中学子更应该让自己像石灰一样：生活越泼冷水，人生就越沸腾，这将是你们三年南中生涯宝贵的收获！

做一个"心中有尺，一言一行皆有法度"的人。18岁成人礼，意味着为人处世不能再率性而为，说话做事更要讲究有尺有度。何为尺度，大处说是法律，小处说就是规矩。人不以规矩则废，家不以规矩则殆，国不以规矩则乱。成人礼有一个重要的环节——赠送《中华人民共和国宪法》，此举意义重大。宪法将告诉你们，作为18岁的成年公民可以享受怎样的权利，也明确告知你们将要履行什么义务。心中有尺，行动有度，你们才可以走得更稳、更快、更远！

人道经纬万端，规矩无所不贯。在过去的两年半里，你们遵纪守法，恪守校规，融入校风正派、学风浓厚的南中。你们在尺度中学习知识、增长见闻、健全人格，践行"绿水青山"的成长历程，老师们和我倍感欣慰！

同学们！无为总觉咫尺远，有志始知蓬莱近。东方既白，D5长廊书声琅琅；

晚霞斑斓，夕阳映衬下的你们列队操场，"2021，自强不息；2021，勇夺第一"的口号掷地铿锵、响彻樵山；华灯初上，D3悄然静谧，纸笔摩挲，时光滴答作响；亥时已过，综合楼里仍有师生交流思想的回响。

莫问春曦几更还，腊月犹是人间暖。同学们，家长们，明天就是传统节日冬至。冬至将至，春天也就不远了。今天，我们齐聚一堂，见证成长，期待来年百花齐放、硕果丰盈。值此佳节，我要特别感谢所有高三学子的父母，感谢你们18年来为孩子所做的一切，感谢你们一直以来对学校的关心和支持！我还要特别感谢所有高三年级的老师特别是班主任，感谢你们对学生关爱无私和全情陪伴，感谢你们对学生专业的指导与教诲！最后，让我们共同祝愿2021届高三同学今天盛会健康快乐成长，明年六月阳光自信圆梦，以青春之我、奋斗之我，为家族荣誉增光添彩，为民族复兴铺路架桥，为祖国建设添砖加瓦。祝南海中学2021年高考更上层楼，再攀高峰！祝各位朋友们身体健康，万事如意！

谢谢大家！

3.

一片丹心，吾校棠阴
——2020年12月30日在马万祺先生铜像落成揭幕典礼上的讲话

尊敬的马有礼常委、颜婉明夫人、马志达先生、郑灿儒主席、冼富兰区长、区志星主席、张鉴华局长、梁瑞英主任，各位贵宾、朋友们、同事们、同学们：

"一片丹心"，是著名大文豪巴金给予某位先生的赞誉。我们会想，什么样的人能被巴金给予这样崇高的赞誉呢？那一定是为祖国、为人民做出了卓越贡献的人——马万祺先生正是为中华民族的抗日战争、解放事业和社会主义建设做出了不可磨灭贡献的南中校友。

领导们！同志们！同学们！南海中学的声望大家自有耳闻。从南中走出的学子，更有气质和思想，更有家国情怀，更有对时代命题的主动回应和对时代责任的主动担当。这可以从马万祺先生身上得以验证！

1929—1934年，先生就读于南海中学，参加了南中的抗日宣传活动。后来虽然因变故而辍学撑起家族的生意，但是先生从来没有忘记"弘扬教育，志尚兴邦"的古训。充满教育情怀和对母校恩情的先生不吝捐助，支持南海中学的发展，先后8次莅临南海中学视导，谈起南海中学的一草一木，如数家珍！2004年7月的樵山酷暑难当，85岁高龄的先生，精神矍铄，亲自归宁南中，饶有兴趣地视导自己一手栽培起来的母校黄旗峰新址。可以说，南中的一花一草无不浸透着先生的心血，一砖一瓦都昭示着先生的情怀，念念乎都与先生不能割舍！

南中取得的任何进步，先生都感同身受，夸赞南中"好样的"。正如先生在最后一次视导时所题的文字——"弘扬教育，志尚兴邦"！先生捐建南中新址的初衷就是希望母校能培养出"兴邦"的国家中流砥柱，造福社稷苍生。16年过去了，我们可以自豪地说，今天的南海中学实现了先生的宏伟夙愿：先生的母校——南海中学跻身广东省"量大率高"五大名校行列，是广东省首批国家级示范性高中，广东省心理健康教育示范学校，佛山市高中唯一的国家级绿色学校，连续3年荣获佛山市教育最佳口碑学校，在今年的佛山市青年教师教学能力大赛中，九大学科中有6科由南中代表南海区参加市赛，在市赛的九个学科中有两个学科由南中老师荣获佛山市第一，全市60多所高中，南中占比超五分之一。南中老师的研学成果入载高中地理课本，成为全国高中师生学习的内容！2020年高考，李雅琴同学考取国防科技大学，吴金昊同学考取火箭军工程大学，莫兆华同学考取海军工程大学，吴嘉旋同学考取空军工程大学，梁日华同学考取战略支援部队信息工程大学。这正是南中学子对先生"弘扬教育"追求的主动回应和"志尚兴邦"梦想的圆满落实！先生的学弟学妹秉承先生宏愿，在沧海横流中闪烁的英雄本色必将光耀中华，不负先生祈盼！先生的母校已经成为"学生学得好、考得好、录得好，老师教得好、研得好、引领得好，学校建设得好、发展得好、辐射得好"的岭南名校！

　　翻看沧桑厚重的南中校史，每次师生前往澳门拜见先生，先生都拨冗接见且不惜宝贵时间促膝长谈，所题诗词更是充满激励能量！先生的公子马有礼、马有友先生等也时常宴请南中师生，足见先生对母校的深厚情谊感染着家族子弟，"尊师重教"的家风、门风流芳长久，生生不息！

　　我们感念先生的情怀，于2017年4月23日南海中学110周年校庆到来之际，特向马有礼、马有友先生致函请立先生铜像，以供广大师生瞻仰，祈盼先生精神光耀南海教育，以启后来者！今日，先生铜像隆重落成，感念马府上下和各界支持，在此致谢！

　　谢谢大家！

4.

致谢2020，奋斗2021
——在新年第一天的讲话

尊敬的老师们、校友们、朋友们，亲爱的同学们：

　　国家主席习近平在二○二一年新年贺词中强调，"站在'两个一百年'的历史交汇点，全面建设社会主义现代化国家新征程即将开启。征途漫漫，惟有奋斗。我们通过奋斗，披荆斩棘，走过了万水千山。我们还要继续奋斗，勇往直前，创造更加灿烂的辉煌！"对此，我深有感触！

　　一岁光阴箭离弦，莺歌燕舞报新年。站在2021新年的起点——元月1日，在准备撸起袖子、甩开膀子、迈大步子开启新的奋斗之际，我们不禁要回顾一下2020

年的光辉奋斗史。

在过去的一年，我校办学业绩硕果丰盈，"优质教育，学在南中"已经成为全社会的广泛共识。在南海区委、区政府的亲切关怀下，在区教育局的正确领导下，在南海中学教育发展基金会和各年级、各班级家委会的鼎力襄助下，在法制副校长、健康副校长、安监副校长、消防副校长的专业指引下，在社会各界的理解和大力支持下，我校实现高位全面优质发展，在各领域均涌现出一大批优秀师生。刚刚过去的2020年12月30日，我们以隆重的仪式、极具南中特色的方式，大力表彰了在教育教学、科研竞赛中获奖的师生，树立榜样标杆，强化看齐意识。除此，我们还应关注国家民族、佛山南海和身边点滴。

2020年，在我们成长的中华大地上，以习近平同志为核心的党中央率领全国人民打赢了新冠肺炎疫情阻击战，历史性地完成了新时代脱贫攻坚目标任务，为顺利开启"十四五"奠定了厚实的基础。今天——2021年1月1日，中国踏上了从全面建成小康社会到全面建设社会主义现代化强国的新征程！

2020年，在我们生活的珠江两岸，全面深化改革开创新局，创新驱动发展加快，城乡区域发展更加协调，美丽南海建设稳步推进，开放发展格局全面拓展，人民生活品质持续提升，党的领导和建设不断加强，"品质教育，学在南海"的金字招牌越擦越亮！

2020年，在我们求学的黄旗峰下，南中人牢记"立德树人"根本任务，践行绿色教育理念，坚持五育并举，团结一心、众志成城，书写了抗击新冠、线上教育、高考录取等多项胜利的宏伟篇章；学校改扩建工程全面开工，更加美丽、更加现代的南中今年七月可期；教师提升工程如火如荼推进，各项教育教学优质成果迭出；南中教育基金会运作良好，奖教奖学力度持续加大；校友会筹建工作进展顺利，校友助力南中加速发展。相信在社会各界和全体师生的共同努力下，今年南海中学将在"高位全面优质发展"的快车道上驶得更稳、更快、更远！

——过去一年里，南中党委牢记初心使命，提高政治站位，保持政治定力，越是在艰难的时刻，越加强党的建设，创新工作方法，积极推进"绿色建党、科技建党、人文建党"。广大党员发挥先锋模范带头作用，冲在抗疫、教学、高考第一线，党员志愿服务队以实际行动下沉社区，服务群众。

——过去一年里，我校享誉学界，各级领导关怀备至，各级媒体争相报道。我校连续三年荣获佛山市教育最佳口碑学校，荣获佛山市教学质量优秀奖，南海区教育系统先进集体。全国政协常委、澳门中华总商会会长马有礼先生伉俪莅临学校参加马万祺先生铜像落成揭幕典礼；佛山市委常委、南海区委书记闫昊波同志，佛山市副市长许国同志，南海区副区长冼富兰同志亲自莅临学校指导工作，点赞南中；中宣部主办的"学习强国"平台报道我校绿色教育理念，夏阳老师、萧宇青老师、陈绮雯老师的课例等相继入选；《中国教育报》大篇幅报道我校绿色发展成果；社会组织举办的"寻找广东最美中学"评选活动中，我校以160000票高调当选最美，领先第二名 80000 多票；佛山电视台、南方+、佛山+、佛山日报、珠江时报、广东教育、佛山教育、南海教育等相继报道我校"开学典礼""千人西樵山历史文化考察活动""第四届南中联盟足球锦标赛""第四届校友羽毛球赛"等；南海中学微信公众号阅读量超 50 万人次，越来越多的兄弟单位、省外学校关注南中动态、学习南中模式！

——过去一年里，南中教师征战国家级、省部级、市区级教学、科研、德育评比，捧回的荣誉不胜枚举。马琳老师获评相当于大学教授的正高级职称，再次擦亮了我校名师荟萃的金字品牌；刘朋老师关于西樵镇平沙岛特色农业的研学成果入载 2019 统编高中地理课本；徐炫清、刘朋老师荣获广东省命题大赛一等奖；杨子超、邓小满老师荣获佛山市青年教师教学能力大赛第一名，全市 60 多所高中里，我校第一名人数占比超五分之一；九大学科中，我校有 6 科代表南海区参加佛山市赛；一大批优秀的南中教师被佛山市教育局、南海区教育局授予"优秀班主任""岗位标兵"等荣誉称号；在刚刚举行的佛山市教工健美操大赛中，我校健美操队闯进决赛，成为区直高中的唯一。

——过去一年里，南中学子驰骋各级、各类赛场，奋力拼搏，摘金夺银，获奖达 530 余人次。"一师一队"和"一师一团"工程效果显著：我校健儿荣获广东省健美操大赛第一名，广东省定向锦标赛第五名，罗婧铧同学荣获广东省宋庆龄基金会奖学金，佛山市抗疫故事演讲大赛最佳演绎奖、最感动人心奖花落南中，区级赛事冠亚军数不胜数！

——过去一年里，南中作为教育教学科研高地，举办省际高考备考研讨、高端学术论坛、教学跟岗交流活动不曾间断。甘肃省酒泉市教育局、湖南省益阳市教育局、顺德罗定邦中学等相继到我校学习办学经验；我校携手佛山电视台推出两批名师精品课程，心理防疫辅导辐射到整个佛山乃至全省；佛山市"以大数据赋能学业质量提升""佛山市化学教学比赛"等落址南中，学校教科研氛围更加浓厚！

——过去一年里，南中为同学们呈现了丰富多彩的心理健康和团学文体活动。尽管疫情阻碍，我们依然推动了全新高规格的新心理健康中心投入使用，组织了心理健康月活动和南中"十大歌手"的 3.0 版"十大家音云赛"；创造性地开展了"携一首诗来南中"的诗歌屏保设计大赛；第四届"校友杯"足球锦标赛上，南中学子为团队荣誉而战，为足球情怀而战；每年一次，业已举办 6 次的西樵山千人徒步历史文化、生态文明考察和"文化寻根"博物馆徒步研学活动广受好评；我们成功筹办了第 34 届体艺节，趣味运动会、合唱比赛、教职工乒乓球赛，欢声笑语仍萦绕耳畔；岁末时，我们更是史无前例地对盛大的成人礼进行了线上直播，吸引近九万人次观看。

难怪乎媒体朋友经常问：南海中学凭什么总是考得那么好，一年一个新台阶？答案不言自明：学校常办文体活动，师生常享文体快乐，以轻快的身心投入紧张的学习，事半功倍！放松与学习收放自如，形成了完美的搭配，相得益彰！社会将此称之为"南中现象"！

若许轻捐便轻得，古来创业岂云艰。同学们、老师们、校友们、朋友们！时光匆匆来不及回顾，不经意间我们做出了这么多惊人的壮举！这一系列艰苦卓绝的努力和不求回报的奉献，最终成就了南海中学2020年高考实现历史性突破，高优上线达1020人，高优率超82.6%，跻身广东省"量大率高"五大名校行列，创造了南中高考6年"两超越+一突破"的传奇。北京师范大学（珠海）、香港中文大学（深圳）、南方科技大学等名牌高校陆续发来喜报；我校作为广东外语外贸大学生源榜第一的高中，被其授予"优质生源基地"。今天的南中已经成为"学生学得好、考得好、录得好""老师教得好、研得好、引领得好""学校建设得好、发展得好、辐射得好"的岭南名校！

时光不舍昼夜，唯有南中长情！同学们、老师们、朋友们，去年7月，我们在"青春不散场，梦想正起航"的毕业典礼上送走了成熟稳重的2020届毕业生，在最火热的八月迎来了朝气蓬勃的2023届高一新同学。从踏进南中那一天起，你们就已经注定成为"南中新力量"！你们活跃在学校的各项活动中，因为你们的到来，南海中学更加活力四射、激情澎湃；高二同学即将学完必修知识，今年不少科目会进入一轮复习，高三节奏即将到来，可谓任重道远！

日月光华，时序轮转。今年将是南中高位全面优质发展的关键年，是面临新高考挑战的元年，南中师生秉持"任重致远"校训，有决心、有信心，有能力、有魄力在新高考中一骑绝尘，再续辉煌！我们在新年的第一天许下这庄严誓言！

一分耕耘一分收获！同学们！今年是农历牛年，中国人自春秋战国时期就学会了"铁犁牛耕"。牛在我们中华文化里象征着淳朴、勤奋、勇敢！我祝愿同学们在牛年，团学工作如牛刀小试，攻克难题如庖丁解牛，佛山统考成绩牛气冲天！一句话，牛，牛，牛！

谨祝老师们、家长们和支持南中发展的各届朋友们在新的一年里，身体健康、家庭幸福、工作顺利、万事如意！

恭祝我们伟大的祖国政通人和，物阜民丰！

5.

铆足牛劲，强势突破再增长；奋蹄扬鞭，高位发展续新篇
——在2021年春季开学典礼上的讲话

尊敬的老师们，亲爱的同学们：

新梅香气暖江风，花色浓郁起苍穹！新学期第一节课的铃声即将敲响，我代表学校热烈欢迎又年长一岁、更加成熟的同学们准时返校开启新的征程。

回望2020—2021第一学期，南海中学积极落实"为国育才，为党育人"的使命，在上级领导的亲切关怀下，在社会各界的大力支持下，在先进教育理念的引领下，在全体师生的辛勤耕耘下，可谓喜报迭发，佳音频传！继实现六年"两超越、一突破"之后，南海中学在"高位全面优质"发展的新起点以不同凡响的成绩高调起步。

——上学期，学校围绕"立德树人"根本任务，坚持"五育并举、五育融合"，践行"绿色教育"，促进同学们全面发展，实现"考得好、赛得好、成长得好"！

学校制定科学的备考思路，佛山一模和佛山统考高奏凯歌，在"量大率高"基础上强势突破，高位增长：高三级在佛山一模中高优率达89.12%，创南海中学百年校史新高！上高优线1049人（历史类349人，连续多年高居佛山第一；物理类700人），稳居佛山市第二，与第一名只差26人，拉开第三名学校109人，拉开第四名学校242人；梁晓蓝同学高居南海区历史类考生第4名！高二级在佛山统考中上高优线1033人，稳居佛山市第二，超第三名学校101人；叶梓瑶、梁晓姗包揽南海区语文第一名和第二名！高一级在佛山统考中上高优线人数多达1061人，创造南中历史，稳居佛山市第二，超第三名学校105人！南海区生物前10名，我校独占5人，植才洋高居南海区第一名！

学校以"绿色德育"为阵地，以"生命生涯教育"为抓手，以德育活动为载体，走出了一条极具南中特色的德育之路！每月至少一场大型文体活动，同学们在趣味运动会、西樵山千人徒步研学、第34届体艺节、合唱比赛、博物馆文化寻根、冬日暖阳游园、成人礼、元旦晚会等一系列活动中，展示自我、愉悦身心，在尽享南中乐趣时接受爱国主义教育、心理教育、生命教育、生涯教育！

在老师的专业指导下，南中学子驰骋国家级、省部级、市区级学科竞赛、文体赛事、信息学大赛，奋力拼搏、摘金夺银，荣获各级别奖励434人次，其中国家级奖励21人次、省级奖励57人次、市级奖励86人次、区级奖励270人次。其中，健美操队获广东省健美操大赛第一名，定向队获广东省第五名；信息学队、机器人队、合唱团、体育健儿等均在省、市、区大赛中取得骄人的荣誉！

——上学期，学校积极探索新的教师培养机制，前瞻性地启动"教师提升工程""班主任提升工程"，创新教师队伍管理方式，促进教师专业化成长，实现老师们"教得好、研得好、引领得好"！

南中教师坚持精研新高考，深研新教材，细研新课标，磨研新课堂！实现了教学质量逆势提升和教科研水平跨越式发展。我校教师参与编纂全国高中教师用书，研学成果登录全国高中地理课本，引领全国；在命题、解题和教学大赛中不断问鼎广东省第一、佛山市第一、南海区第一，贡献区级以上示范课近70节；教科研成果近500项，获国家、省市、区级奖励超350项。在佛山市教育教学改革成果、南海区新高考试题研究、新教材研究、教学研究论文评比中，我校均以高质高产高居南海区第一！因此，我可以自豪地说：南海高考，教研先行；南海教研，南中先行！再次证明，南海中学是名副其实的岭南"教育教学科研高地"！

——上学期，学校把握历史机遇，坚持"安全第一"，提高政治站位，稳妥推进学校党的建设、改扩建工程和宣传工作，实现了学校"建设得好、发展得好、辐射得好"！

我校教师获佛山市职工健身操大赛全市第三名，全佛山60所高中里南中是唯一的；重阳佳节，退休教师莅校共话学校发展大计；改扩建工程全面开工，新南中建设如火如荼；第四届"校友杯"足球锦标赛和羽毛球赛，凝聚校友力量，增强了校友归属感；积极筹备的"佛山市南海中学校友会"已完成最重要的前期工作；南中教育发展基金会决定进一步加大奖教奖学力度，体现南中关怀；旅港南海商会和基金会奖教奖学大会隆重召开；杰出校友马万祺先生铜像落成揭幕典礼圆满完成，获得全国政协常委马有礼先生一行和市、区各级领导交口称赞！北京师范大学（珠海）、香港中文大学（深圳）等名牌高校陆续发来喜报，南方科技大学更是两次发来喜报祝贺我校毕业生荣获奖学金；广东外语外贸大学授予我校"优质生源基地"。南海中学被称赞为"高校人才库"！

伴随着学校的高质量发展，越来越多的兄弟学校关注南中动态、学习南中模式；越来越多的媒体跟踪南中发展，竞相报道南中荣耀。广东省委、省政府官方发布平台南方+、佛山电视台、佛山+、佛山日报、珠江时报，广东教育、佛山教育、南海教育等相继报道我校多达30余次，平均每周报道1.5次；南海中学微信公众号高质量发布推文200余篇，阅读量突破120万人次，达到前所未有的新高！社会上形成"南中热度"！

这一份份沉甸甸的成绩、金光闪闪的证书，离不开学校对教育教学规律的精准把握；离不开南中教师对"四新"（新高考、新教材、新课标、新课堂）的科学研究；离不开南中学子对远大理想的执着追求和砥砺勤勉！

老师们、同学们！新学期、新希望、新愿景！立心天地厚，修身岁月长！立什么心，怎样修身，可以从以下三点作思考、付行动、促成长！

一、立自强不息的中国心，以最纯洁的爱国热忱做一名自豪自信的中国人！

2020年，在国内，祖国实现GDP迈上百万亿新台阶，"十三五"圆满收官，"十四五"全面擘画，"天问一号""嫦娥五号""奋斗者"号等科学探测实现重大突破。于国际，我们坚持和平外交，积极构建人类命运共同体，支持世界卫生组织，援助多国抗击疫情。但是，国际上诋毁中国形象、侵害中国利益的行为一刻也没有停止。英国广播公司BBC缺乏新闻人起码的职业道德和良知，颠倒黑白、炮制假新闻、使用"阴间滤镜"妖魔化中国；印度军方蹚水越线，在加勒万河谷悍然挑起事端，英勇的中国戍边将士——19岁的陈祥榕、24岁的王焯冉、24岁的肖思远、

33岁的陈红军以身殉国、壮烈牺牲，他们以赤子情怀和年轻生命守护着身后的"中国"和我们！

2020年"感动中国十大人物"几乎都是中国人里普普通通的一分子，但是他们所做的"点滴"贡献，却造福了几倍、数十倍乃至上亿的人群！这就是中国力量！他们可以，我们也可以！

2021年是中国共产党百年华诞！习近平总书记正率领全党、全国、全军为实现伟大的中国梦而殚精竭虑地工作，我们作为中华民族的生力军更应该主动担当起新时代赋予我们的使命，将民族复兴和个人成长有机融合，树立规划意识，既着眼长远目标，也注重短期计划，最终实现伟大抱负！

二、立尊亲敬孝的儿女心，以最谦卑的晚辈心态做一名体谅父母的孝子！

我为什么要提及孝顺这个话题呢？新学期，同学们年长一岁，意味着父母也老了一岁！而暑假、寒假，包括疫情期间，因为同学们长期居家，亲子关系往往会跌至冰点，这是有数据支撑的社会普遍现象！为什么会这样呢？假期里，晚上和手机形影不离，白天和被窝难舍难分。父母看在眼里，急在心里，势必会催促唠叨几句。所以社会上发明了一个词语叫"神兽出笼"！

这个春节有点例外，很多人就地过年不能回家陪父母。一部缅怀母亲的电影备受欢迎，截至今天凌晨票房已超38亿元，位列中国电影票房史第六。它是——《你好，李焕英》。看过的人都说，原本以为是喜剧，没想到看着看着就热泪盈眶，哭得不能自已了。母女间的简易、单纯、真挚的感情核心碰触了大家心里绵软的地区，触动了千万观众们。所以，当你觉得你非常爱妈妈的时候，其实妈妈比你想象中更爱着你！

同学们，所谓成长，其实就是在心里珍惜爱你的人，用行动回报爱你的人。对我们所有人来说，最爱自己的，也还是生养我们的父母！希望同学们在新的成长中，更加体谅父母的舐犊之情和良苦用心。

三、立任重致远的南中心，以倾情投入的状态做一名奋斗不止的南中人！

秀木千山天远大，澄江一道地分明。俯望北江，回顾南海中学113年筚路蓝缕的创业史，每一位南中人都贡献了汗水和力量！今天南中创造的辉煌靠努力，也靠实力！收心是新学期积蓄实力的第一要务！从今天起，高三同学距离2021年新高考只剩下百余天的时间，是否已经进入状态，迎接百日冲刺？高二同学进入一轮复习，是否做好了温故知新，提升自我的准备？高一同学选科结束，入读新的班级，是否做好了融入新环境、适应新模式的心理调适？

好趁灯花同报喜，奋蹄扬鞭正相宜！同学们！伟大的南中学子擅长以怒放的姿态，向同龄人表达自己的存在；更热衷以执着的脚步，向光明前途证明自己的倔强！新学期开始，你们肯定会碰到各种各样的困扰。面对成长期的烦恼，要有初生牛犊的锐气；面对学习上的难题，要有愚公移山的勇气；面对生活里的挫折，要有精卫填海的志气；面对人际交往中的困扰，要有塞翁失马的大气；面对各类赛场的竞争，要有舍我其谁的霸气！这是我们所有南中人应具备的"南中格局"！

我想对高三同学们说，你们的三年"南中时光"已经屈指可数了，请珍惜最后的南中时间，在老师们的指导下，争分夺秒，为着远大的理想抱负，砥砺奋斗！

我想对高二同学们说，你们的三年"南中征途"已经走完半程，前半程的得与失都已经成为过往，请牢牢把握一轮复习的契机，心无旁骛，补齐短板，实现高原突破！

我想对高一同学们说，你们面临着最好的机遇，已经有两届师兄师姐积累了备战新高考的经验，你们还将成为团学活动的中坚，各类活动的主角，请积极参与，全面成长！

最先出发，最快抵达。谁最先投入状态，谁就最快进入进步的轨道。天地转，光阴迫。一万年太久，只争朝夕！家长对南中教师高水平的教育教学科研充满着敬意，社会对南中学子博学多才品学兼优充满着敬佩，新时代对南海中学进一步深化教育教学改革充满着期待。2021年新学期，让我们铆足牛劲，以建设大湾区一流名校为目标，以南中人的名义、以脚踏实地的奋斗、以更加优异的成绩回报父母、回报社会、回报祖国！

祝同学们在新的学期里，走好新征程、实现新梦想！谢谢大家！

6.

紧握信念长奋斗，题名金榜贺锦程

——在2021届高三级百日誓师大会上的讲话

尊敬的各位老师，亲爱的同学们：

春花并与清溪长，缤纷远随流水香！在这春风沉醉、阳光明媚的季节，我们在此隆重召开2021届高三级"决胜樵山，百日称雄"誓师大会，我谨代表学校向厉兵秣马、全力追梦的高三师生致以崇高的敬意和美好的祝福！

千古风流今在此，万里功名莫放休。2021农历牛年，在中华民族的时光表盘上，它是"两个一百年"的交汇点，身在新时代新征程，我们何其荣幸；在我们个人的成长历程中，它是从成年向成才进阶的转折点，面对新高考新挑战，我们何其豪迈！

——安得倚天剑，跨海斩长鲸。同学们，在你们身上，汇聚着老师殷切的目光，倾注着家长诚挚的心血，承载着民族复兴的责任。这些都是我们坚定脚步不容迟疑的理由！现在我们已经进入最后的冲刺，六月的高考在前方真真切切，成功从来没有如此贴近我们年轻的生命，求学十二年，这是最后的攻坚；南中三年，这是高贵的加冕。

——青霄有路终须到，金榜无名誓不还。在未来的一百天里，你们将用青春证明，没有比人更高的山，没有比脚更长的路。乘春风之快意，御天地之灵气，我们举目望苍穹，我们永不屈服。十二年奋斗，今朝奠定圆梦；人生新关口，百天华丽转身。纵观百年建党伟业，伟大事业的铸就，都是奠定在每一次关键节点的自我革新与不断成熟。党的光辉发展历程告诉我们，以百折不挠的毅力积小胜为大胜，每一点点进步的量变终究会形成开天辟地的质变。

——艰难方显勇毅，磨砺始得玉成。同学们，高三最后一百天，大强度的训练已经开始，这样的日子肯定很苦，也会比较单调。但是你要相信，每个人的潜力都是无限的，学会分解你的目标，从压力中找动力，在攻坚克难中焕发新气象，在只争朝夕中实现大跨越。已经身居学习高原上的同学，每前进一步都相当不易，每前进一步都值得惊喜，戒骄戒躁，稳扎稳打。尚处山腰亟待继续爬坡的同学，借助老师的力量、刷题的数量、晚修的质量，可以加快速度，尽早登峰。还在山脚徘徊起步较晚的同学，增长数十分乃至上百分并不是遥不可及的，你的第一任务就是迈出第一步，出发、出发！只要你肯出发，此刻都不算晚！南中有一位80后校友叫赖杰。他现在是树熊集团和树熊云的CEO，2009年他加入阿里巴巴，曾是阿里最早的一批数据产品经理，有着不错的收入。但是他不安于现状，选择了离开"温室"自主创业，2012年以800多万元注册创业型的商用WIFI公司——树熊。其创造的"小K云管家"已经走进全国上百个城市的千家万户，2020年12月树熊云也荣获"国家高新技术企业"殊荣。所以，请坚信自己，只要你坚持理想，胜利最终站在你这边。而且，冲刺一百天，你不是一个人在战斗，我们的老师，我们的级长，我们的年级委，都在全方位陪伴大家，守护大家，你的难题有人解，你的压力有人知，你的心绪有人懂。

上马取功名，投笔成雄才。实现新辉煌铸就新画卷，我们还必须同时间赛跑、同困难并行，用汗水浇灌收获，以实干笃定前行。"志之所趋，无远弗届，穷山距海，不能限也。"2021年，一个注定熠熠生辉的重要年份。乘势而上开新局，扬帆起航再出发。时间不等人，青春在召唤。前方是荡气回肠的热血与功业、坚韧与顽强，是南中校园在每个春天都会焕发出的刚健旺盛的生命力和无坚不摧的战斗力。同学们，让自信陪伴梦想一起飞翔，让我们挺直年轻的脊梁，用越来越好的成绩去赢得2021，掀起南中新高考元年的波澜壮阔！你们将成为南中历史上新的璀璨坐标！

波澜壮岁欣回首，敢在人先又续征。梦想不会自动成真，今天获得的成就离不开师长的领航，离不开顽强的拼搏，离不开辛勤的耕耘。征程今日启，奋斗正当时。未来一百天，我们要继续发扬习近平总书记赞扬的孺子牛、拓荒牛、老黄牛精神,让汗水洒满征途,用奋斗收获未来!朝着"人人上高优,人人双一流"的目标前进!前进!前进!

7.
铸就最强"钢铁队伍",书写最美"青春指引"
——在第一届班主任节开幕式上的讲话

尊敬的老师们,亲爱的同学们:

早上好!

四月如歌,万物齐吟。在这个温暖舒适、春意酥怀的季节里,我们迎来了南海中学第一届班主任节。在这里,我谨代表学校向每一位班主任和曾经担任过班主任的老师说一声:你们辛苦了!在过去的六年里,南海中学能取得"两超越、一突破"挺进广东省"量大率高"五大名校的辉煌成绩,班主任队伍功不可没!学校由衷地感谢你们!

习近平总书记强调,一个人遇到好老师是人生的幸运,一个学校拥有好老师是学校的光荣,一个民族源源不断涌现出一批又一批好老师则是民族的希望。我想,一个人遇到好班主任更是人生的幸运,一个学校拥有好班主任更是学校的光荣,一个民族源源不断涌现出一批又一批好班主任则是民族更大的希望。南中的班主任群体就是这样一支得之为人生幸运、得之为学校光荣、得之为民族希望的钢铁队伍。

这支作风优良的钢铁队伍有三大精神:奉献精神、专业精神、引领精神!

朝耕及露下,暮耘连月出。班主任是南中"责任田"里最具黄牛精神的耕耘者。晨曦初上,班主任已经从楼层值班开启一天的工作;午夜将至,班主任悄然从晚睡值班的岗位上结束一天的辛苦。班主任手机的通讯录里必然存有家长的号码,微信里定有深夜还与家长讨论学生在校情况的聊天记录。南中班主任对学生健康的掌握最及时,对学生情绪的捕捉最细致,对学生成长的记录最详细。每一部南中班主任的工作史,就是对学生点点滴滴成长的记录史。充分发挥先锋模范作用的陈绮雯、张丹等党员班主任就是其中杰出的代表!

君子履教道,术业达专攻。专业,是南中班主任主动提高育人本领,深化育人方式改革过程中一贯坚持的品质!"班主任提升工程"的实施、"名班主任工作室"的创建,无不说明南海中学培育新时代专家型、学者型班主任的方向愈发明确,力度愈发加大。近六年来,南中班主任从来不缺席各级别班主任能力大赛的最高领奖台!回顾2020年南海中学教科研成果,有近三分之一杰作是班主任们智慧的结晶,内容涵盖班级文化建设、班干部培育、班会课构建、学子心育、家校共育等多方面的研究,充分展现出南中班主任高超的专业水平。更难能可贵的是,邓小满、杨子超两位班主任参加2020年佛山市青年教师教学能力大赛斩获第一名,王雪娜、杨毅等班主任也均代表南海区参加佛山市赛荣获"教学能手"称号！

　　绿野堂开占物华，路人指道令公家。奉献与专业，成就了南中班主任的引领力！人类灵魂的工程师，是社会对教师的赞誉。真正能把人类灵魂工程做到极致的，首推班主任。班主任是每一个读书人终身品格养成和智慧达成的最美引路人。多少人在回忆黄旗峰的青葱岁月时，想到的是朝夕陪伴自己的班主任；多少人在重返南中校园时，找寻的一花一木一人中的那"一人"是班主任。心心相印是师生之间以心灵交换心灵、以心灵赢得心灵的一种境界。南中的班主任，用真善美为学生拨开迷雾，用智慧、理念、思想，引导学生树立正确的世界观、人生观、价值观。班主任虽然是级别很小的主任，但在各级别的主任中，一定是最能吃苦、最肯付出、最不计回报、最擅长塑造人的主任。

　　第一届班主任节系列活动的开展，是"十四五"规划背景下切实落实立德树人根本任务、夯实名校良师基础的大动作，也是对我校班主任工作的充分肯定和无上褒扬。我们希望通过一年一度的班主任节，展示班主任风采，营造尊敬、理解、感恩班主任的氛围；同时也希望我们的班主任继承优秀传统，诲人不倦，不断开拓进取、反思创新，形成教育智慧和个人特色。这样，我们的班主任就能坦然面对压力和辛苦，成为教师群体中获得感与幸福感最丰富的人！

　　因此，第一届班主任节的主题就定为：感恩、学习、成长。期待我们的班主任能够在学校高位全面优质发展上做出更大的贡献，期待我们的班主任在学生的终身可持续发展上给予更大的帮助，在学生的人生轨迹中留下更多的光辉与美好。

　　本届班主任节为期两周，内容丰富、内涵深厚，包括四大主题活动。

　　第一项主题活动，是本周二下午第8节主题为"成长路上，感恩有您"的班会课。这是由我们各班班长带领班干部集体设计、制作，全班同学配合完成并开展的班会课。同学们要利用好机会，以充分的仪式感，发自肺腑的真情实感向班主任表达感恩之心、感激之情。我相信，通过这次主题班会课，我们会更加理解班主任，我们的师生关系会更加融洽，我们的班级凝聚力会进一步增强。其中，高一（14）班和高二（5）班还将在本周五我校的教育教学开放日当天，把班会课展示给省内兄弟学校。我希望，这两个班的同学好好准备，充分展示我们南中学子懂得感恩、健康成长的优良风貌。

　　第二项主题活动是4月22日（下周四）晚的班主任节表彰及班主任论坛，包括南海中学"十佳班主任"表彰及班主任读书分享、专家讲座等活动。学校要对做班主任超过10年的老师进行表彰，他们都是有情怀、勇担当的好老师好园丁！班主任读书分享及专家讲座，将进一步加快班主任专业化成长。

　　第三项主题活动为班主任外出学习培训。

　　第四项主题活动为班主任能力大赛。班主任工作是用心用情的工作，更是一项专业性极强的工作。老师们需要拓宽视野，不断学习提升，用先进的育人理念、方法来促进学生的成长。我相信，通过这一系列的活动，我们的班主任工作会更加得心应手，会更好地帮助同学们成长。

老师们，同学们，南海中学要在前进的道路上实现一个又一个的跨越，需要全体教师不断努力，更需要一支钢铁般强有力的班主任队伍。今天，我们南海中学第一届班主任节隆重开幕，我衷心地希望每一位班主任都能在系列活动中收获被理解与被尊重！

最后，祝全体老师身体健康，工作顺利！祝全体同学学业进步，快乐成长！祝南海中学第一届班主任节圆满成功！

8.

新时代，谱写新华章；新起点，勇创新作为
—— 在2021—2022年新学年秋季开学典礼上的讲话

尊敬的老师们、亲爱的同学们：

赓续西湖文脉勤修业育嘉木百十岁，樵山绿意盎学界；恢扬南海衣冠擘鸿篇射北斗九万里，古郡之光耀岭南。2021年是"十四五"开局之年，在习近平新时代中国特色社会主义思想的指引下，在区委区政府的亲切关怀下，南海教育再次领跑全省，"品质教育，学在南海"向人民交出了满意的答卷。在区教育局的科学指导下，南海中学牢记立德树人根本任务，高擎绿色教育旗帜，坚持学术立校、科研强师，践行五育并举、五育融合，积极贯彻落实"为党育人，为国育才"，在黄旗峰下的沃土里高质量地培育出推动社会主义建设和中华民族伟大复兴的可持续发展人才。

作育英才，莫怕山高路远；求知书海，岂畏风急浪高。2020—2021学年，南中教师不畏艰难，翻越一片又一片学术高原；南中学子勤勉钻研，攻克一座又一座知识堡垒；全体南中人拼牛力、使牛劲，在新高考、教科研、改扩建、抗疫情等多个领域取得一个又一个里程碑式的战绩。

——过去一学年，南海中学科学把握教育发展规律，深化育人方式改革，创新教学模式，深入研究新高考。功夫不负有心人，继六年"两超越、一突破"后，高歌猛进，实现了"特控人数量更大、特控率更高、本科率100%"。2021年高考，南海中学上特控线人数多达1056人，稳居佛山市第二，比第三名多107人，比第四名多209人；特控率高达88.0%，高居广东省"量大率高"五大名校第三！

考得好，录得也好，是我南中特色！以厦门大学2021年广东录取线为标准，我校686人达"985"名校录取线，占比超57%，"985"名校上线率和上线人数均翻倍（2020年高考"985"上线330人、上线率27%）。文化生不断刷新历史，艺术生也当仁不让：谭笑以专业全省第2名、全国第18名的优异成绩拿到中央音乐学院的通行证，余佳辉以专业成绩全省第2名、全国第20名的傲人成绩考入中国

传媒大学双语播音王牌专业。

——过去一学年，南海中学坚持学术立校、科研强师，大投入、多途径搭建省内外学术交流平台，鼓励教师主动钻研新教材、新高考、新课标和新课堂，成效卓著。从2020年8月至2021年6月，我校教师共产生教科研成果678项，获省部级、市区级奖励共超500项；105人次问鼎广东省、佛山市、南海区教学能力大赛、命题大赛、解题大赛最高奖。

2021年5月，我校划拨专项资金实施"南海中学名师工程"和"南海中学名班主任工程"，进一步培养引领型、学术型名师和名班主任。南海中学教师队伍高水平的专业素质和敬业精神滋养着南中学子全面可持续发展。

——过去一学年，南海中学践行绿色育人、活动育人、多元育人理念，遵循学生鲜活的个性和向上的本能，多层次多维度培养学生的知、情、意、行，为其健康可持续发展设置课程、搭建平台、拓展空间。2020年8月以来，南海中学持续深化课程改革、优化课程体系、整合课程资源，加快高质量育人体系构建，培养出身心健康、人格健全、素质全面的人才。

一年来，南中学子面面开花，处处精彩，在信息学和生物学竞赛、体育竞赛、艺术展演等各类文体竞赛中获奖达1000余人次。每天3000人的常规集体大跑操，每年开展的西樵山历史文化徒步考察、科技文化周、社团文化节、三湖书院国学讲坛、阳山助学体验之旅等活动让同学们强健了体魄、拓宽了视野、实践了知识、发展了特长、强化了担当、升华了人格。

老师们，同学们！

高庭硕果迎晓日，香盈四方；凤衔金榜出云间，熠然七载。社会各界对南中教育给予极佳的口碑，对七年"两超越、一突破、高增长"的优质发展给予极高的赞誉，将其称之为"奇迹"。对于这一点，自豪的南中人欣然笑纳！因为我们清楚，每一个奇迹的背后都是一份沉甸甸的家国责任、时代担当！

郁乎文章，传道授业千秋伟；雄哉南中，菁莪教泽百年长。纵观南海中学114年校史，学校发展与祖国命运从来都是休戚与共。历年来，南海中学重视通过党史教育、爱国教育、生涯教育，在学子心中厚植家国情怀，一批批综合素质优秀的学子考入"985""211"双一流名校及军警院校！今年关永贤同学考进海军工程大学，黄虹锦考入战略支援部队航天工程大学，张家良、黄辉勤、曾奇、麦世涛等考入哈工大、南航等"国防七子"的尖端专业！当急于甩锅的西方国家将新冠病毒溯源作为政治武器攻击中国的时候，当反华军事联盟在南海耀武扬威大秀肌肉的时候，当优华媒体以傲慢与偏见恶评中国奥运选手和金牌数量而无视中国体育成就时，我们所有的愤懑都应转化为全心育人、潜心读书的具体行动，唯有源源不断培养出更多中华栋梁，才是当前报效祖国最务实的方式！

老师们，一国之强，首在教育；教育之强，首在教师！新学年、新学期，学校将着力做好两大工程即改扩建工程和教师提升工程，进一步激活教师科研热情，完善教师成长机制，打通教师成名渠道，加大科组建设力度，培养更多特级教师、正高级教师和省级示范教研组，夯实教育教学科研高地的根基，让南海中学成为南海教育、岭南学界恒久的名师供给源。

同学们，少年强则国强，少年兴则国兴！新时代也赋予了你们更大的责任！觉醒时代的1911年，东关模范学校新学期开学礼上，当被问道读书是为了什么的时候，14岁的周恩来掷地有声地回答"为中华之崛起而读书"。整整110年过去了，今天，我们南中学子也将振聋发聩地喊出"为中华之伟大复兴而读书"！今晚的开学典礼，扣响了你们人生新征程的发令枪！梦想引擎已然开启，行动马达可以发动。

——新学期，朝气蓬勃的2024届高一新生成为南中新力量。黄旗峰下的这所百年名校，因你们的到来更加欣欣向荣。我代表学校，热烈欢迎你们的到来。新同学们，虽然你们初来乍到，但是要及时树立人生新的理想，勇于站上人生新的舞台，敢于直面人生新的拐点。8月5日的东京奥运会跳水女子10米台决赛中，与大家年纪相仿的广东女孩全红婵以多个满分摘得金牌，为国争光！如果不是夜以继日的刻苦训练、坚忍不拔的强大意志、不畏强手的超常胆识，全红婵怎能在强手如云的奥运舞台上一战封神？在如何与更多南中学霸竞争的问题上，"让自己更强大"是必然的选项！

——新学期，"2023，领秀佛山"的同学们将彻底摆脱稚嫩，成为南中的"中间层"。高二级是锤炼"大局观"的关键时期。对上，你们作为师弟师妹尊敬高三的师兄师姐，凡事以高三为先；对下，你们作为师兄师姐谦让高一的师弟师妹，偶尔需要做点小牺牲。暑假期间，河南省突发百年不遇的特大水灾，牵动全国上下十四亿同胞的心。没有人说"那和我有什么关系"，相反，全国各地的救援队伍驰援河南，救灾物资纷至沓来。这既是献爱心，也是以"小我"助"大我"的大局观。在高二，同学们收获的不仅仅是知识的丰富，还将有品质的升华。

——新学期，走完三分之二南中生涯的2022届同学们入驻新教学楼，站上南中之巅。祝贺你们！在过去两年里，你们继承了历届南中人的优良基因，活跃在各项文体赛场摘金夺银，为校争光。从今天起，你们将心无旁骛，全身心投入到高考备考中。高三不易，务必懂得珍惜；高考不难，有备才能无患。每一名南中人都更清楚南中奇迹之路上的点点滴滴，那是清晨6:00攀爬教学楼的脚步，那是夜深人静时灯光下刷题的身影，那是壮志在胸回荡天际的呐喊，那是无数根用空的笔芯和写满方程式的稿纸。一代代南中人就是以这样名不见经传的方式悄悄战斗三个四季轮回，直到"奇迹"发生、发生、再发生。

百年树人，历久弥著。老师们，同学们！在世界形势波谲云诡之际，在中国两个百年交汇之时，站在让南中奇迹再次发生的起点：

希望教师们能矢志不渝，不忘初心为党育人；鞠躬尽瘁，勇担使命为国育才！

希望同学们能立拔山之志,敢向高峰问更高;兴钻研之风,直向深处掘更深!希望全体南中人肩负家国使命,牢记任重致远校训,砥砺奋斗,阔步前进!谢谢大家!

9.

为酬素志育良才,广栽大木柱长天!
——在2021—2022教师节表彰大会上的讲话

尊敬的老师们、同事们:

千篇新诗园丁赞,万首衷曲育人歌。值此第37个教师节来临之际,我代表学校向大家表示衷心的祝福和真挚的感谢,向获得各项荣誉的老师表示热烈的祝贺!

过去一学年,在绿色教育旗帜的引领下,老师们始终围绕立德树人的根本任务,践行"为党育人,为国育才"使命,在各类教科研比赛中争做标杆、为校争光,在核酸检测和疫苗接种现场志愿服务、无声奉献,在新高考备考一线殚精竭虑、勤勉付出,为学校取得七年"两超越、一突破、高增长"的辉煌成绩做出了很大贡献!

——在教科研方面,老师们主动钻研新教材、新高考、新课标和新课堂,成效显著。从2020年8月至2021年9月,我校教师共产生教科研成果778项,获省部级、市区级奖励共超550项;121人次问鼎各级大赛最高奖。中小学论文评比,我们高居全区第一;新教材研究论文评比,我们仍然高居全区第一;新高考研究论文评比,我们以高产高质理所当然地位列全区第一;南海区青年教师教学能力大赛,我们不仅高居全区第一,更是傲居全市第一;南海区青年教师解题大赛,我们再次拔得头筹;佛山市教育改革成果展示,我们领跑全市!

——在抗疫情方面,老师们积极配合医护人员,勇当志愿者,高效率完成了全校学生多次的核酸检测和疫苗接种工作。大家和学生、退休老师响应上级和学校"应接尽接"的号召,克服种种困难,高比例地完成了两针疫苗接种,领先兄弟学校!更值得称赞的是,高考期间因疫情封控考点,老师们顾全大局,舍小家为大家,为圆满完成高考考务工作,给考生营造安全、有序的考场环境,有些老师带孩子住进考点。对此,我表示深深感谢!

——在新高考方面,老师们的全程、全情、全心的陪伴更是可歌可泣!每一位奋斗在2021届备考一线的老师都值得称赞;每一位为学校"特控人数1056,特控率88%"高增长做出伟大贡献的老师,其身上一定有无数感人的故事!无论是化腐朽为神奇、取得97.91%特控率的普通班班主任朱晓芳,还是每天累积三万步数的年级主任宋建奎,都是杰出老师的代表!他们刚从2021届高考战场大获全胜,又立马投入到重要的年级担任班主任,到重要的岗位贡献聪明才智!

老师们！因为你们辉煌的育人成果，南海中学的学界地位日益提升，高居广东省"量大率高"五大名校第三！这对于任何一间县域生源第二的中学来说，都是至高无上的光荣！

老师们！因为你们崇高的敬业精神，南海中学的社会声望日益显耀。上级部门更大力度地树立南中标杆，官方媒体更高频度地报道南中发展，家长朋友更强烈推荐初三学子到南中读书。

老师们！因为你们高超的育人本领，南海中学的教育口碑日益高涨。今年我校获得南商突出贡献奖、广东省校本研修示范学校等称号，随着我校教育教学科研高地的地位进一步夯实，越来越多的省内外兄弟学校到我校交流学习。

一年之计，莫如树谷；十年之计，莫如树木；百年之计，莫如树人！在所有老师的砥砺奋斗下，南海中学的办学业绩年年上新台阶。为了学校的可持续发展，我向老师们提几点要求和希望。

一、资深教师充分发挥引领示范作用，躬亲示范

资深教师是学校重要的资源宝库，你们有着几十年的从教经历，储存了不少教学秘籍和育人技巧，作为科组的老大哥老大姐，多指点小师弟小师妹，促其成长。资深教师也应在科组内开展规范的示范课、展示课，积极参与出卷、评卷，以榜样的姿态和崇高的情怀做领先科组。正高级教师、广东省名师工作室主持人、语文学科主任马琳就是以资深教师身份引领青年教师成长的典范。

二、青年教师主动历练教育教学本领，尽快成长

青年教师是学校教学的骨干力量，你们承担着百年南中可持续发展的"壮腰"功能。你们要多向资深教师谦虚请教，勤于提升教科研水平，踊跃参加各类学科竞赛。张爱玲有句名言：出名要趁早。你们要树立做名师、能师的志向。在学校各项常规工作之外，资深教师、备课组还会安排一些额外任务，这不是负担，而是成为名师的阶梯！要好好珍惜！地理科组给刘朋老师安排了研学任务，他的研学成果入载高中地理课本，这就是眼前的实例！

三、新晋教师尽快从学生变为教师，华丽转身

你们刚本硕毕业或仍在读，可能还没有从"学生"的身份走出来。这不要紧，学校会给你们"压担子、结对子、搭台子"。作为新人勤快一点是绝对必要的，整理学案、命制试题、搬运扫描试卷、外出听课等脑力体力活都主动干，刚入职一年的陈顺达老师就因此很受备课组器重；学科师傅、班主任师傅都是指导你们青出于蓝胜于蓝的引路人，学校的师徒结对工程会为你们精选良师，助你们成长，生物科组的张宏佳老师在邓文静师傅的带领下就成长很快；新教师汇报课、青年教师优质

守望生命的绿水青山

课都是你们从心理到教学实现身份转变的绝佳舞台,每年学校或区级以上的教学大赛都不乏新人获奖,甚至一战成名!

为酬素志育良才,广栽大木柱长天!老师们、同事们!在新时代教育改革浪潮中,有一些铁律是永不改变的。这些铁律也是最值得我们遵守和践行的!

一是严抓师德和师风学习建设,"德高为师,身正为范"。师德是教师的从业之本、立身之基。道德情操高尚的老师,自然会受学生欢迎和家长尊敬。近年来,随着自媒体的快速发展,我们经常能看到其他一些地方和学校关于师德师风的负面新闻,这严重影响了我们教师的形象。我们南海中学是享誉社会的名校,一刻也不能放松师德师风建设;我们南中教师是敬业的代名词,一刻也不能降低自己的师德标准。

二是狠抓教学和管理常规落实。各班级、各年级、各部门、各学科组、各备课组没有扎实的常规管理,所有的努力都是虚的,结不出硕果!说一千道一万,没有成绩就没有地位!不落实常规,就不能出成绩!育人和育分从来不矛盾。育人得法,分数才增长得快;分数上去了,地位也就得到巩固!常规课与示范课、个人备课与集体备课、教科研与出成绩、樵山班与平行班、社团活动与文化学习,这些都是有机统一的,打通这些关联,我们就会无敌!有的老师示范课上得好,常规课却总不尽如人意;有的老师教科研成果丰硕,但是带班成绩则很一般。实际上,这就是没有落实好常规。我相信,只要落实好常规,我们就能行稳!

三是紧抓创新赋能机制建立。改革的时代,创新是必然的。惟有创新,才能致远!如果不抓紧创新,我们就会被创新者超越。过去一学年,我们相继开展了名师工作室和名班主任工作室的创建,创造性地开展了大单元设计比赛,在成人礼、百日誓师等大型活动方面也一改陈规,在激发教师潜能、激励学生潜力方面取得了良好效果,这对我校办学业绩的提升起到了极大的推动作用。因此,经常进行教学和管理反思,及时纠正教学和管理偏差,不断改进教学和管理方法,才能最终突破教学和管理瓶颈!

老师们!今天是属于我们教师的伟大日子,学校以隆重的方式表彰在过去一学年表现优异的老师,以感人的方式表彰为南中事业和教育事业做出突出贡献的资深教师。因为有你们的奉献,南中事业才能蒸蒸日上;因为有你们的努力,越来越多的孩子考上"985""211"和双一流学校;因为有全体南中人的奉献,为党育人、为国育才的使命和责任才落地有声并一代代传承!

谢谢大家!

（二）公众号推文

"佛山市南海区南海中学"微信公众号现有粉丝5.2万，年平均阅读量超120万人次，是社会各界及时了解南海中学动态的最便捷途径，是南海中学最活跃的校内媒体，平均每天发布一篇原创高质量推文，也是南海中学宣传报道国家教育方针、教育理念、校园生活的平台，受众极广，是老师们、学生们非常关心的形象展台。

黄旗峰之美，美在满山苍翠、四季葱茏，更美在青蓝相怡、文教绵长。岭南教泽优沃，论名师辈出者，首推南海；南海教风独昌，论最勤勉敬业者，当推南中！南中教师身上有一种气质：口不言情怀，心中深藏之，低调中身怀高超的教育教学科研本领！特别是南海中学的女教职工，在事业与生活之间、学校与家庭之间、学生与孩子之间找到了最佳的平衡，甚至在更多时候会向前者倾斜，以"敬业、仁爱、励德、勤修"的教风撑起"南中教师"的尊誉！

1.利用"三八"妇女节推出"南中巾帼"系列

在2021年3月8日重要节日来临之际，学校向辛苦奋战在教学一线的女教师和服务师生的女职工们致以亲切的问候和崇高的敬意！

以"南中巾帼"系列歌颂学校女教职员工。其中有广东省名师工作室主持人——马琳老师，做事雷厉风行、爱生温情脉脉的年级主任——谭桂芳，尽心尽责、兢兢业业的校医——陈美兰，一丝不苟、零出错的文印员——李代莉、余丽霞等女教职工。

以下是"南中巾帼"的系列推文标题：

【南中巾帼（一）】这里的"李焕英"们，爱自己的孩子，也爱别人的孩子

【南中巾帼（二）】导师，您好

【南中巾帼（三）】在这里，体味"真教育是心心相印活动"的真谛

【南中巾帼（四）】在这里，与优秀的人在一起

【南中巾帼（五）】这里的每一位女性都很了不起

【藏头诗】南海中学祝女教职工节日快乐

藏头诗

南粤春风拂面吹，
海隅百花斗芳菲，
中有蝶燕舞翩跹，
学语莺儿树树啼，
祝福情随暖樵山，
女儿卓尔绽风情，

守望生命的绿水青山

教书育人勤耕耘,
职事不怠共护航,
工夫渐随岁月深,
节物风光须臾改,
日夜相伴情谊浓,
快意诗酒趁年华,
乐洒心田兴悠长!

——南海中学语文教师 黄丽芳

马 琳

马琳,语文正高级教师、广东省特级教师,南海中学语文学科主任。1993年进入南海中学工作至今,耕耘了27年。其间,担任备课组长16年、学科主任8年,任教高三12年,培养出多名高考语文佛山市前三名的尖子生。2020年被评为"佛山市优秀班主任"。她带领科组老师进行卓有成效的教学改革,科组被评为"佛山市示范教研组"。

她从最初的骨干教师,到学科带头人,再到连续三届南海区首席教师,佛山市名教师,2012年被遴选为"广东省新一轮百千万工程"首批名教师培养对象,2018年被评为"广东省特级教师",2020年通过广东省正高级教师职称评审。

"马琳老师在专业成长的道路上走得踏实、稳健,是奠定在严谨的教科研基础之上的。"全校教师都钦佩马琳老师的冷板凳精神。她发表论文20多篇;主编及参编著作6种;参与2种省级教材编写,2020年参与编写教育部《统编高中语文教材选择性必修教师用书》;主持及参与5项省级课题研究;连续15年被聘为全国核心期刊《语文月刊》的特约作者,为每年的高考特刊原创试题,先后被聘为"广东省高考研究会语文专家委员会成员""华南师大教师教育学部兼职教授""华南师大教育硕士兼职导师""南海区名师工作室主持人""南海区高中语文兼职教研员"。

谭桂芳

谭桂芳,高三级年级主任,2003年毕业于华南师范大学。"为人师表"是对尽职尽责的她最贴切的形容。

对于学生,她关爱有加。课堂上,她会注意关注教室内每一个角落的学生,课下,她也细致地批改每一本学生提交的作业。因此,谭桂芳老师对任教班级的每一位学生的学情总能做到了如指掌。用学生的话说就是"她有火眼金睛"!谭老师对学情如此重视,是因为"因材施教"是她从教以来一直注重的教育理念。她相信每一个学生都是独特的宝藏,都值得用差异性的方法打开,让他们都能成长进步,都能发光发亮!

因材施教的真正落实,不仅要对学生的学情给予充分关注,更要深入研究教育理论,唯此才能给予学生专业化的指导。所以,谭桂芳老师对专业教研始终保持着孜孜不倦的热情。耕耘讲台、潜心教研,这都让谭桂芳老师在专业教研及教书育人方面取得了让人敬佩的成绩:

2017—2018学年被评为南海区基础教育课程改革先进个人;

2016—2017学年获南海区优秀教师称号;

2018年被评为南海区第五届骨干班主任;

2019年7月被评为2019年度南海区教育局直属优秀党员。

因为对教研的坚持，谭桂芳老师在教学上的专业能力获得了学校和同行的高度认可，在2016—2017学年度担任高二级物理备课组长以及南海中学课堂教学改革指导小组成员，在她的带领下，高二级物理备课组被评为"示范备课组"。

2019年9月，专业能力突出的谭桂芳老师被学校聘为年级主任。她兢兢业业、尽心尽力，所带的年级级风严谨、成绩突出、师生和谐、上下一心，得到学校和全级师生的好评。在2021年的佛山一模中，所带的2021届高三年级更是再创辉煌，上高优线人数达到1049，高优率为89.12%，创南中历史新高！

在2021年2月结束的百日誓师大会上，关于谭桂芳老师的两个场景让笔者印象十分深刻：一是当主持人宣布出席大会的老师有谭桂芳老师时，全场学生热烈鼓掌，大声欢呼；二是在"沙场点兵"环节，谭桂芳老师站在舞台上，大声念出每个班级的班号时，每个班级的同学们总会充满激情和力量喊"到"！这都让笔者感受到，谭桂芳老师已是那么地深受学生欢迎与爱戴，成了学生们喜爱的老师，成了学生们信任的领路人！

刘 昱

刘昱，同事眼中的大姐。经常有同事把她的名字写成"刘煜"，她总是幽默地说，"我时不时地就会'火'一把"。其实她的确很火，火的原因是工作业绩！

刚来的第二年刘昱老师就担任了高一（4）班班主任。这是她工作以来第五年担任班主任。她用实际行动证明了体育老师在重点高中照样能胜任班主任这一岗位。

在专业能力方面，刘昱自谦"我还是比较全面的"。刚刚调入南海中学时区教育局每年都会组织教工田径赛、教工篮球赛，每一次大赛她必然会代表学校参赛，而且多次获田径比赛团体冠军，篮球多次获得前四名。2003年她带领十位女老师代表区教育局参加南海区庆"三八"健美操大赛斩获殊荣。2006年她和学校20多位老师一起参加区教师舞蹈艺术展演《从头再来》获得了特等奖（第一名）。2016—2018年她代表南海区教育局参加区"党员杯"羽毛球赛获冠军。2020年与同事们参加佛山市教职工健美操大赛获全市第三。

在笔者再三要求下，刘昱老师简单梳理了一些近年指导学生参赛的成绩：

2003年、2004年指导校篮球队获南海区女篮高中组第二名；

2005年指导校足球队获南海区第一届高中组女足第一名；

2007年、2017年带领校女排分获南海区冠、亚军，代表南海区参加中运会获第二、第三名；

2005—2020年一直任校女排教练，成绩稳居南海区前四名；

2019年、2020年带游泳队获南海区高中组团体总分前三名。

作为一名高中体育教师，在很多人看来是极"轻松"的工作，也是一项极"普通"的工作。"但能在这普通的岗位上认真对待每个孩子，认真对待自己的工作并做好每件事，也觉得挺快乐，挺开心的！"刘昱笑着说道。

陈海兰

陈海兰，南海中学校医室医生。至今，她已在南海中学工作3年有余。作为校医，要为师生的健康保驾护航，她时常意识到自己身上责任重大，并提醒自己必须认真负责地为老师和同学们服务。

陈海兰医生坦言，疫情发生以来，校医工作一点也不轻松，但是为了南中孩子们的健康，不耽误学习时间，工作起来还是很有成就感的。每天，身体不适的学生与老师都会前来问诊，陈医生总会耐心地接待。她亲切细心地询问，总能让师生感受到温暖。此外，陈医生还需要处理突发的卫生事件，做好每天的晨午晚检的登记，安排课室和饭堂等区域的消毒，做好对因病缺勤学生的登记并及时上报。师生的身体健康总是陈医生最为牵挂的。平日里她时常会给予师生保健上的指导，对于处理不了的状况，也会认真地给予医疗建议。当有学生需要外出就医时，陈医生也经常亲自陪同或安排人员陪同去医院就医，确保学生安全。

陈医生总说："校医是为全校师生员工服务的，只要全体师生平安，就是校医的最大作用，我将继续努力认真工作，为安全校园贡献自己一份力量。"而全校师生也正因为有如陈医生这般的校医室医生的存在而倍感安心。

李代莉　俞丽霞

俞丽霞

李代莉老师和爱人本勇

"LILI"（丽莉）组合是全校教师都非常熟悉的文印室的李代莉老师和俞丽霞老师。因为许多的教学任务和目标需要她们的配合才能完成——她们负责收发信件、报纸和杂志，还负责更为重要的试卷印刷工作。当笔者前来采访时，文印室的一个箱子里放了好几副黑乎乎的磨破了的手套。

代莉老师说："南海中学老师真的很负责，研究的教学成果经常印刷成教辅材料发给学生，想给学生省钱不用到外面买；南中的学生很能刷题，各科老师要经常出题交到文印室。"很多时候，高三的试卷紧急，代莉和丽霞两位老师就要周末和晚上加班。

当笔者提出要采访两位同事时，她们异口同声谦虚地说道："不用报道我们，我们每天做的事情都是很简单的，你要多报道老师们，她们出题、改卷才值得宣传！"笔者哄骗说都会宣传的，两位老师才简单讲述了一些自己的工作。

"我是文印室的李代莉，在南海中学工作已20余年。小孩已长大，没有太大负担，和爱人（学校司机本勇师傅）都是以校为家！我和丽霞都能做到比较任劳任怨，效率也比较高。同事们认可我的工作我就很开心。我最自豪的是，南海中学的孩子们做着我们及时印刷的试卷不断增分，考到理想的大学，年年创辉煌！"

"我是文印室的俞丽霞。文印室日常工作有：高一、高二、高三级每科的平常固定练习，每周各科的提升训练，一些补充资料等；开学前后及放假前后各部门的一些资料，大考前后的一些考务资料、招生资料等；考前复习资料和平常老师们的一些复印资料等。1月份各种考试交织到一起的时候，试卷量特别大。总之，全校所需的印刷资料交给我们文印室，我们能保证准时完成任务。"

采访的间隙，两位老师都没有停下手中的活儿，边分试卷边回答问题。尽管文印室工作环境多粉尘，但两位老师都积极肯干，十分认真。

尽管她们都戴着口罩，笔者还是看到了她们的美！

歌德曾在《浮士德》的终章咏叹："永恒之女性，引导我们上升。"女性之美，不仅在朱颜绿鬓，芳姿窈窕，亦在其灵魂之高贵，智识之超拔，品性之坚韧。南海中学的教坛巾帼们，将不断引领着学生，继续以梦为马，砥砺前行。

2. 利用教师节推出"名校良师"系列

在2021年9月10日教师节来临之际，以"名校良师"系列隆重宣传创造2021年高质量育人成果的行政领导——宋建奎老师，班主任杰出代表、连年获优秀班主任称号的彭吴桃老师，科研代表、硕果累累的钱耀周老师等。

以下是"名校良师"系列推文标题：

名校良师（一）| 总被一群人想起，是幸福的

名校良师（二）| 陌头芳草绿天涯，桃子新红又作花

名校良师（三）| 老钱，你好

名校良师（四）| 初心所向，其道大光事

名校良师（五）| 10天里被404302人次"拍了拍"，她用爱守望生命的绿水青山

名校良师（六）| 叶汉中老师受邀在汕头市级教研活动中上示范课

名校良师（七）| 卿在东篱我在云，云影悠然见龙门

下面摘编班主任的杰出代表——朱晓芳老师和教学工作的标杆——谢业建老师的推文。

名校良师（五）| 10天里被404302人次"拍了拍"，她用爱守望生命的绿水青山

教育的本质是促进生命个体健康成长，实现由自然人向社会人的高度转化。育人，是用爱浇灌生命，引导生命丰富自我、提升自我、完善自我。在2021年全区

教育大会暨"南商教育基金"奖教奖学大会上,南海区委书记顾耀辉同志向南海教师队伍代表赠送刻有"爱"字的工艺品,表彰近4万名南海教师的大爱精神和高尚情怀!南海区十佳班主任、南海区优秀班主任、南海中学朱晓芳老师代表全区中小学教师在大会上深情讲出"爱就一个字,却……"的感人故事!

用爱守望生命的绿水青山,是近七年来傅陆根校长带领南中人站在较高的理论层面上思考教育终极价值所凝练的智慧结晶。作为绿色教育理念的精髓,它深植于每一位南中教师具体的育人实践中,引领南中师生在新时代教育征程上驰而不息。

桃李不言,下自成蹊。本年度的南海区教育大会暨南商教育基金奖教奖学大会上,有100余人次南中教师获得表彰。他们中,不乏以爱树人的宋建奎、郭娜等管理型标兵,不乏以爱育人的朱晓芳、陈绮雯、麦永良、田坤等优秀班主任,不乏以爱教人的钱耀周、谢业建、陆丽文、陈燕梓、梁水妹、凌彬等教学能手,不乏以爱化人的陈宏标、彭吴桃、朱雪梅等师德楷模!

爱,是他们共同的品质,虽然就一个字,却有很多很多故事……

——编 者

朱晓芳

从教感言:
用爱守望生命的绿水青山,静待花开灿烂。

朱晓芳,课例获"教育部"优课,登上学习强国平台。个人先后获得"南海区十佳班主任""南海区优秀班主任""南商基金教学能手""南海区教育局直属优秀党员""南海区教育教学科研先进个人""南海区基础教育课程改革先进个人""南海区学生竞赛优秀辅导人员""南海区新高考优秀教学资源建设优秀个人""南海区青年教师教学能力大赛特等奖""南海区青年教师解题能力大赛第二名""广东省中学生天文奥赛优秀辅导老师""广东省中学生地理奥林匹克竞赛优秀辅导老师""第三届全国中学生地理奥林匹克竞赛优秀辅导老师"等荣誉。

2021年9月11日—9月20日，10天里她以404 302票当选"南海区十大网红名师"，得票数高居全区教师第二名！这是社会各界对朱晓芳老师的高度肯定，更是对南中教师的极佳赞誉！

"爱就一个字，却饱含了很多。"9月10日教师节，南海区举行2021年全区教育大会暨"南商教育基金"奖教奖学大会。作为优秀教师代表，朱晓芳上台发言时称，爱是教育的灵魂，她将继续弘扬德、心、传、智、爱的南海教师精神，用爱守望生命的绿水青山，努力培养新时代可持续发展人才。

想学生所想　急学生所急

爱，不一定惊天动地，但却润物细无声。从教15年，朱晓芳一直践行"用真心引领学生、用真知传授学生、用真诚教育学生、用真爱打动学生"。高三，学生假期本来就很少。在高考前的最后一次放假，很多孩子都会回家与家人团聚，互相鼓励。但今年由于疫情原因，封控地区的孩子不能回家只能留校。"每个学生都是我的孩子，我就是他们的亲人。"朱晓芳说，在最后的假期里，她特意带上美食和孩子们分享，大家边吃边聊，互相支持鼓励，让孩子们在学校感受到大家庭的温暖。

爱，更是急学生之急，想学生之所想。

有位同学是来粤务工人员的随迁子女，由于父母社保原因，在高考报名即将截止前，审核资料还未集齐，学生心理压力非常大。"高考，是每个孩子通往梦想的班机，一旦误机，成本高昂。"朱晓芳深知孩子心中的焦灼，为此，她在教学之余，花了很多时间开导这名学生，还和家长一起沟通、商量，尽自己最大努力提供帮助，直到这位同学顺利完成高考报名。

"教育就像养花，学生是种子，师爱是阳光、雨露、土壤，只有在充满爱心的土壤上，加上智慧的养护技巧和肥料，才能开出绚烂的花朵。"朱晓芳认为，教育者应发自内心急学生之急，想学生之所想，爱学生之所爱。

不让任何一个孩子掉队

2021年高考，朱晓芳所带的普通班，48名学生中有47人上重点线，重点率高达97.91%，48人全上本科，本科率达到100%，为南海中学重点人数1056人、重点率88%做出了贡献。

辉煌成绩的背后，又有哪些不为人知的故事？

时间回到一年前，其时，该班级的学生分数均分处于年级中后水平。"转化一个后进生与培养一个优秀生一样重要,甚至更重要。"朱晓芳说,这是校长傅陆根经常鼓励自己的一句话,也是她从教以来一直努力的方向。

在朱晓芳管理的班级,不以成绩论英雄,每一名学生她都平等看待。"加把劲,你并不差,只是暂时没有突破自己的障碍而已。"这是朱晓芳经常对那些后进生说的话。

"成长路上,不让一个孩子掉队,这是一名老师应尽的责任。"朱晓芳说,每个孩子的花期不同,有的甚至不会开花,因为它将长成参天大树。她和南中所有老师一样,对学生的成长有着坚定的信念,相信只要用心浇灌,学生们终会破茧成蝶,实现华丽蜕变。

"教育切忌以成绩论英雄,要多一把衡量的尺子,去发现和欣赏每个学生。"朱晓芳认为,对待学生要用"放大镜"发掘闪光点,用"反光镜"摘掉缺点,用"显微镜"凸显个性,要尊重学生的个性差异,让每一种个性、每一种梦想、每一种尝试都得到关注和发展,从而"守望生命的绿水青山"。

名校良师(七) | 卿在东篱我在云,云影悠然见龙门

谢业建

教育格言:
一朵云推动另一朵云

数学这个学科,最讲究的就是严谨。而严谨,则是谢业建老师在工作、为人两方面的自我要求。

虽然已经是工作20多年的老教师,但是业建老师总是在每一天的备课中都把自己当新人看待:"严谨的备课,首先是备上课的内容,紧跟高考大纲,时刻注意新的出题动向,保证自己的每一节课都让学生有所得;其次是备学生,因为每一年

面对的学生都不一样,学生的知识基础、认知能力、性格爱好都决定了哪怕是相同的知识点,我也要用不同的方法去讲授。记得2018届的时候,我任教的两个班,一个是实验班,一个是平行班,两个班的平均分的差距基本稳定在15~20分。我特意用了两本备课本,每天都准备两个教案,布置两种不同要求的作业。辛苦是肯定的,但是学生都很满意,觉得上我的数学课能听懂,每节课都收获满满,并且在成绩方面不断取得进步。"

从决定把教师当作自己一生的职业那一天开始,谢业建老师就知道自己想要过什么样的生活。他真诚地对待身边所有的人,坦诚做人,认真做事。在生活中,他希望自己能活得自在、随意、洒脱些,精神层面像陶渊明,不为名利,但是又积极面对工作。他说自己对物质生活要求不高,一点美食就能让自己倍感幸福,三五好友闲聊即可身心愉悦。他向往"采菊东篱下,悠然见南山"的恬淡生活,但在教书育人上积极入世、不做逃兵;他希望能做到"涧户寂无人,纷纷开且落"的淡然,也愿意为"春风得意、金榜题名"的学子欢欣鼓舞。这种松弛的生活状态、积极的工作境界,让业建老师感觉到人活着就是要在细水长流中感受各种美好。"不慕名利,随性生活,就做一个普普通通的教师,我会说一句:'甚好'!"

著名哲学家雅斯贝尔斯的名言"教育的本质意味着:一棵树摇动另一棵树,一朵云推动另一朵云,一个灵魂唤醒另一个灵魂。"这在南海中学和谢业建老师身上得到了最好的注解。"一朵云推动另一朵云"是南中教师育人的真实写照,他们有着崇高的职业理想和知识分子的清高。他们像极了陶潜,向往"采菊东篱下"的悠然恬静,潜心育人,习惯于做沉浸式的教学科研;他们又不同于他,而常常在各级别的教学比赛、命解题大赛上张扬个性,摘金夺银。

我们不单单做我之云,还肩负着摇动他之云的使命,使更多云如青云平步直达龙门。正是因为聚集了一大批"育人追求宁静,业务常思精进"的为人师者,所以从南中走出去的学子如天之彩云,霞光万丈!

您可知,悠然与奋然在这里成为统一。

参考文献

[1] 朱蓓,吕宁.过程视角下大中小学一体化劳动教育体系构建研究[J].学校党建与思想教育,2021(07):38-40.

[2] 于伟.从"书斋"到"田野":课堂教学改革实践逻辑探寻[J].中小学管理,2021(07):5-9.

[3] 蓝宇,陆勇,谭佩玉,等.普通高中劳动教育现状及课程建设有效途径[J].中学教学参考,2021(06):59-61.

[4] 杨志平.中小学劳动教育课程转化的问题与改进[J].教学与管理,2021(01):6-8.

[5] 董伟.做学术之师,育创新之人——学术型教师对高中生创新能力培养影响的研究.文教资料,2015(20):122-123.

[6] 何云峰,宗爱东.中小学劳动教育的现状、问题及对策[J].青年学报,2019(01):254-262.

[7] 何欢.当前我国中小学劳动教育存在的问题及解决路径[J].内蒙古教育,2018(24):125-126.

[8] 徐长发.新时代劳动教育再发展的逻辑[J].教育研究,2018(11):12-17.

[9] 王维审.中小学劳动教育的实践与发展概述[J].中小学德育,2018(07):5-9.

[10] 班建武.新时代劳动教育的实践原则[J].中国德育,2021(08):42-47.

[11] 邵军.简论杨叔子"绿色教育观"的思想政治教育蕴涵[J].教育与职业.2008(17):108-110.

[12] 杨斌,陈国安.教出活泼泼的人:民国名家教育演讲录[M].上海:华东师范大学出版社,2015.

[13] 新华社.中华人民共和国国民经济和社会发展第十二个五年规划纲要[EB/OL].2011.http://www.gov.cn/2011lh/content_1825838.html.

[14] 教育部.关于全面深化课程改革落实立德树人根本任务的意见[EB/OL].2014.http://www.moe.gov.cn/srcsite/A26/jcj_kcjcgh/201404/t20140408_167226.html.

[15] 杨叔子.杨叔子教育雏论选[M].武汉:华中科技大学出版社,2010

[16] 马符录.西樵历史文化文献丛书[M].南宁:广西师范大学出版社,2012.

[17] 傅陆根.南海中学绿色教育内涵与体系探析[J].广东教育(综合版),2020(04):62-63.

[18] 杨叔子.绿色教育:科学教育与人文教育的交融[J].教育研究,2002

（11）:12-16.

[19] 张立坤. 浅谈绿色教育[J]. 学周刊, 2012（12）:102.

[20] 邱云美. "绿色学校"及其功能[J]. 丽水师范专科学校学报, 2003（03）:123-125.

[21] 王静. 绿色教育的思索[J]. 西安外国语学院学报, 2003（03）:90-91.

[22] 郝建明, 程毓香. 学校管理中的理想境界——绿色管理[J]. 晋中师范高等专科学校学报, 2004（02）:179-180.

[23] 王平安. 对学校管理创新的思考[J]. 湖南税务高等专科学校学报, 2004（05）:50-52.

[24] 刘晓林. 不容玷污的中国教育尊严[J]. 观察与思考, 2004（17）:26-29.

[25] 韩永春. 呼唤绿色教育[J]. 新课程研究（教育研究与实验）, 2004（02）:57.

[26] 郝兴江. 构建绿色课堂评价, 促进学生和谐发展[J]. 教育科研论坛, 2009（05）:10.

[27] 张惠霞. 绿色教育[J]. 今日科苑, 2009（12）:266.

[28] 邓蓓, 王金凤, 周世学. 建设绿色校园的研究[J]. 教育与职业, 2009（14）:175-176.

[29] 毕淑娟. 绿色课堂——让生命如花绽放[J]. 当代教育科学, 2010（02）:41-44.

[30] 吴绮, 聂凌. 对"绿色校园"建设中几个问题的思考[J]. 农业科技与信息（现代园林）, 2010（07）:13-14.

[31] 关耀强. "绿色教育"的办学思想与实践[J]. 教育导刊, 2012（10）:53-54.

[32] 白云龙, 杜淑琴. 绿色教育呼唤绿色行动[J]. 课程教学研究, 2013（02）:94-96.

[33] 邱忠维, 吴薇. 绿色教育实施策略初探[J]. 科学咨询（科技·管理）, 2013（05）:17-18.

[34] 朱憬怡. 创建中小学"绿色校园"的建议[J]. 湖北林业科技, 2013（03）:65-67.

[35] 靳忠良. 澳大利亚的绿色教育[J]. 教育理论与实践, 2008（18）:61.

[36] 柯紫, 柴红梅. 绿色课堂理念在化学课堂教学中的应用[J]. 中学化学教学参考, 2020（06）:7-9.

[37] 张东亚. 如何在中小学体育教学中实现绿色教育[J]. 考试与评价, 2020（03）:84.

[38] 徐文君, 郭向清. 追求绿色教育, 打造品牌学校——内蒙古自治区通辽市奈曼旗实验小学生态文明教育纪实[J]. 环境教育, 2020（Z1）:101.

［39］吴学兵.构建"三位一体"教育　形成"绿色教育"生态［N］.江苏教育报，2020-11-18（003）.

［40］党磊.寓"绿色教育"于学生心田——山东省济南市槐荫区南辛学校生态文明教育纪实［J］.环境教育，2020（10）:80.

［41］赵志军，刘笑.根植生态文明理念，打造绿色教育品牌——山东省济南市槐荫区周王小学生态文明教育纪实［J］.环境教育，2020（10）:79.

［42］许雪莹.美国绿丝带学校对中国小学绿色教育的启示［J］.现代交际，2020（12）:153-155.

［43］钱凯.绿色教育背景下学生核心素养培养策略研究［J］.新课程导学，2020（18）:25-26.

后记　关于教育的再思考

在即将成书之际，2021年7月24日，教育部发布《关于进一步减轻义务教育阶段学生作业负担和校外培训负担的意见》，以空前的力度实施中小学"双减"新政。双减的具体措施概括为：针对课外机构的"三限""三严"和针对校内教育的"三管""三提"。

"三限"：限制机构数量，限制培训时间，限制收费价格。

"三严"：严格内容行为，严格随意资本化，严控广告宣传。

"三管"：管好教育教学秩序，管好考试评价，管住教师违规补课。

"三提"：提高教育质量，提高作业管理水平，提高课后服务水平。

对此，我举双手赞同。因为课外补习机构为无限扩大经济效益，不断加码宣传炒作，引起家长普遍化焦虑，花重金送孩子去机构补习。而所谓的补习，很多时候只是为了短期分数的提高而实施超前教育。高一年级的孩子要学高二年级的知识，高二年级的孩子被迫提前学习高三年级的内容。课酬之巨，劳民伤财，严重影响了孩子身心健康发展。更何况小学、初中学段的孩子呢？

教育的真谛从来不是追求分数，但是在中国传统的评价机制里，分数高、成绩好是对学生、教师和学校最主要的评价标准。

令人欣喜的是，国家逐步推出新的评价机制，推动教育列车驶上规范轨道。2020年10月13日，中共中央、国务院正式印发《深化新时代教育评价改革总体方案》（以下简称《总体方案》），针对教育评价改革的一系列核心问题，首次系统提出了"改进结果评价，强化过程评价，探索增值评价，健全综合评价"的"四个评价"新理念，成了我国教育评价改革的重要行动指南。换言之，即建立弹性教育评价。这种评价建立在认可与促进不同学生的认知需求、身体需求、社会需求、情感需求、道德需求的基础上，对被评价者进行一系列超越机构建制与陈旧规章制约的具有主体性、发展性、针对性、差异性、选择性、开放性、交互性的评价。这与我所倡导的"守望生命的绿水青山"的教育理念是十分一致的。

作为一名教育者，我为党和政府的英明决策鼓掌。同时，我又陷入深深的思索：改革需要过程，改革过程中的孩子会怎样？以高考改革为例，每一次重大的高考改革，好学校会更好，弱学校则更弱。如何在学校与学校之间找到平衡点，这关乎孩子们的前途命运和国家人才的培养。

随着双减新政的落地，北京、深圳着手尝试中小学教师和校长的常态化轮岗制度。2021年8月25日，在北京市人民政府新闻办公室举行的北京市教育"双减"工作新闻发布会上，北京市委教育工委副书记、市教委新闻发言人李奕介绍，新学期，北京市将大面积、大比例推进干部教师的轮岗交流。交流轮岗的对象是义务教育阶段公办学校校长（干部）教师，交流的主要形式包括区域内校长交流轮换、骨干教师均衡配置、普通教师派位轮岗三个维度。东城区教委主任明确，本学年度实现干部教师交流轮岗不少于2000人，力争用三年时间，实现东城区义务教育阶段学校干部教师100%交流轮岗。

虽然有舆论说这只是在落实国家十年前的决策，并无"新意"，但是对社会的冲击仍然很大。大者，学区房接下来的走向会怎样？传统名校师资交流出去是否会影响自身办学质量？生源结构没有根本改变的话，只是交流教师意义有多大？

但是，不迈出这一步就总不会有改变。既然已经迈出了，就坚定地行稳致远吧！

我们期待改革、支持改革，我们祝愿每一个孩子都能享受到新时代教育改革的红利。

祝中国教育越来越好！

2021年9月6日于西樵山